小学语文教学管理研究

王灵花　著

吉林人民出版社

图书在版编目(CIP)数据

小学语文教学管理研究/王灵花著.--长春:吉林人民出版社,2024.8.--ISBN 978-7-206-21334-2

Ⅰ.G623.202

中国国家版本馆 CIP 数据核字第 2024B9R737 号

小学语文教学管理研究

XIAOXUE YUWEN JIAOXUE GUANLI YANJIU

著　　者:王灵花

责任编辑:金　鑫

封面设计:豫燕川

出版发行:吉林人民出版社(长春市人民大街 7548 号 邮政编码:130022)

印　　刷:唐山才智印刷有限公司

开　　本:787mm×1092mm　　1/16

印　　张:10　　　　　　字　　数:134 千字

标准书号:ISBN 978-7-206-21334-2

版　　次:2025 年 6 月第 1 版　　印　　次:2025 年 6 月第 1 次印刷

定　　价:68.00 元

　　语文课程是一门学习语言文字运用的综合性和实践性课程。义务教育阶段的语文课程，应使学生初步学会运用语言文字进行交流，吸收古今中外优秀文化，提高思想文化修养，促进自身的精神成长。小学语文教学应注重全面提高学生的语文素养，使他们逐步形成良好的个性和健全的人格，促进德、智、体、美、劳的和谐发展。在语文教学中，教师应准确把握语文教育的特点，着重培养学生的语文实践能力，重视培养良好的语感和整体把握的能力。

　　教学管理是进行高效教学的保障，只有不断优化教学管理，才能不断创新教学方法，提高教学效率，取得良好的教学效果，而语文教学是小学教学之中的重要一环，所以如何提高小学语文教学管理水平是我们当前需要不断进行探究的问题。

　　本书遵循小学语文课堂管理的基本规律和要求，紧密结合当前小学语文教学实践进行论述，旨在优化小学语文教学与管理的效果，全面提高学生的语文素养，促进学生的全面发展，切实培养小学教育专业人员从事小学语文教学的实践能力。笔者真诚希望《小学语文教学管理研究》一书能给每一个教育管理者、参与语文教研的同行以思想上的启迪和行动上的帮助。

　　本书在撰写的过程中，参阅了大量相关资料和文献，同时为了保证论述的全面性与合理性，引用了许多专家、学者的观点，在此谨表示最诚挚的谢意。由于作者写作水平有限，书中不免存在遗漏之处，恳请广大读者不吝指正。

目录

第一章 小学语文新课程概述

第一节 小学语文新课程的教学理念

一、提高学生的语文素养

素养是指平日的修养，也指学识、造诣、技艺、才能和品格等方面的基本状况。语文作为一门母语教育课程，既是一种交际工具，也是一扇认识人类文明，尤其是本民族精神发展的窗户。语文学科在促进学生形成良好的个性和健全的人格，促进学生德、智、体、美、劳的和谐发展上，着重要的奠基作用。原先限于认知领域的"语文能力"很难全面概括新时期语文教学的目的和功能，因此"语文素养"的概念诞生了。

在课程标准中采用"素养"一词有两层意思。一是将"素养"理解为比较稳定、最基本、适应时代发展要求的学识、能力、技艺和情感态度价值观；二是认为基础教育中各个阶段的"素养目标"具有层次差别。语文素养是一种以语文能力为核心的综合素养，包括语文知识、语言积累、语文能力、语文学习方法和习惯，以及思维能力、人文素养等。语文素养是指学生在语文方面表现出的最稳定、最基本、最适应时代发展要求的学识、能力、技艺和情感的，具有工具性和人文性统一的丰富内涵。在课程标准中，语文素养的内涵是非常丰富的，它绝不是一种纯粹的语言技能，而是一种综合的文明素养，是个体融入社会和自我发展不可或缺的基本修养。语文素养概念的提出，使语文教学在弘扬科学理性精神，注重语言的准确、简明和实用，防止把人工具化，注重创新思维的培养、人文精神的熏陶、完美人格的塑造的矛盾张力中寻求到一种平衡，这是对语文教学大纲的历史性超越。

教育阶段的语文课程必须面向全体学生，使学生获得基本的语文素养。语文课程应激发和培育学生热爱语文的思想感情，引导学生积累语言、培养语感，发展思维，初步掌握学习语文的基本方法，养成良好的学习习惯，使他们具有适应实际需要的识字写字能力、阅读能力、写作能力和口语交际能力，正确理解和运用语文。同时，语文课程还应通过优秀文化的熏陶感染，提高学生的思想道德修养和审美情趣，使他们逐步形成良好的个性和健全的人格，促进德、智、体、美、劳诸方面的和谐发展。

小学语文课程应帮助学生获得较为全面的语文素养，在学生语文素养不断提高的过程中，有效地发挥作用，使学生适应未来学习、生活和工作中的需要。小学语文课程应充分发挥自身的优势，弘扬民族精神，使学生受到爱国主义文化的熏陶，帮助学生塑造热爱祖国和华夏文明，为人类进步事业奋斗的精神品格，使学生形成健康美好的情感和积极向上的人生态度。

此外，要加强小学语文课程内容与社会发展、科技进步和学生成长的联系，引导学生积极地参与社会实践活动，认识自然、认识社会、认识自我和规划人生，实现本课程在促进人的全面发展方面的价值追求。语文课程的功能是多方面的，小学语文课程应在义务教育的基础上，进一步发挥其育人功能。在小学语文教学中，教师应该继续关注学生的语言积累、语感和思维的发展，使学生在教学实践中掌握语文知识和学习语文的方法。小学语文教学还应体现小学课程的共同价值，重视情感态度和价值观的正确导向，充分发挥本课程的优势，全面提高学生的语文素养和整体素质。

二、语文教育的特点分析

语文课程丰富的人文内涵对学生精神领域的影响是深远的，学生对语文材料的感受和理解又往往是多元的。语文是实践性很强的课程，应着重培养学生的语文实践能力。语文又是母语教育课程，学习资源和实践机会无处不在，应该让学生更多地直接接触语文材料，在大量的语文实践中体会和掌握语文运用的规律。

　　小学语文课程具有丰富的人文内涵和很强的实践性，因此小学语文教学要注重应用，加强语文课程与社会发展和科技进步的联系，以适应社会生活和学生自我发展的需要。要使学生更好地应用语文，掌握语言交际的基本规范和能力，并养成认真负责和实事求是的科学态度，就应该重视教学内容的价值取向和语文的熏陶感染作用，尊重学生在学习语文过程中的独特体验。

　　语文教学应该注意汉语言文字的特点，重视培养学生的语感和整体把握能力，让学生在广泛的语文实践中学语文、用语文，逐步掌握运用语言文字的规律。语文课程还应考虑汉语言文字的特点对识字、写字、阅读、写作、口语交际和学生思维发展等方面的影响，尤其要重视培养学生良好的语感和把握文本整体的能力。

　　从学生长远发展的角度看，审美意识和能力的形成与发展对于人改造客观世界和人的自身发展具有重要的意义。它能使人按照美的规律去认识和改造世界，而只有懂得世界的美，并能够创造美的人，才能成为恩格斯所说的"各方面都有能力的人"。掌握审美的方式，对于帮助学生认识世界和促进自身的发展都有着积极的意义。美育具有多手段、多渠道性。让学生投入丰富多彩的大自然，可以让学生感受大自然的美丽和惬意；让学生接触异彩纷呈的社会生活，可以培养学生辨别美丑的能力；让学生积极参与体育锻炼，可以让学生具有美的精神和体魄，这些都是美育的途径。其中文艺美更可以使学生集中地感知、理解和体验美，受到美的教育。小学语文课时充分、内容广博，集中体现了文艺美。在小学语文教学中，落实美育就成了小学阶段教育的优先手段和途径。

　　社会存在决定社会意识，审美对象的存在是审美意识产生的前提。语文文本是自然和社会生活文字形式的审美反映，是艺术美、自然美和社会美的综合体现，所以语文文本必然是优化的审美对象。所以在语文教学中，落实审美教育必然比其他学科更有优势。语文教学中的思想内容、结构安排、表现手法和语言表达，都为审美教育提供了对象。由此看来，语文教学过程必须是美育的过程，美育必须时时渗透在语文教学中，才能散发它出独特的光芒。审美教育有助于促进人的全面发展，文学艺术的鉴赏和创作是重要的审美活动，科学技术的创造发明以及社会生活的许多方面，也都贯穿着审美追求。未来社会更需要美，崇尚对美的发现、创造和追求。语文具有重要的审美教育功能，小学语文课程应关注学生情感的发展，使学生受到美的熏陶，培养学生的审美意识和高尚的审美情趣，提高学生的审美感知力和审美创造力。

三、积极倡导自主、合作、探究的学习方式

自主、合作、探究教学模式，就是导引学生自主学习，通过小组交流合作和教师的指导，促使学生主动进行知识建构的创造性教学模式。自主学习是指教师采用恰当的教学方法激发学生的学习兴趣，使学生积极主动地探究知识，并加强与同学的合作交流，充分发挥学生的主体作用的教学模式。这种教学模式有助于培养学生在学习活动中的自觉性和主动性，锻炼学生独立解决问题的能力，提高学生的创新能力；在与同学合作交流的过程中，有助于学生掌握科学的学习方法和合作的技巧，锻炼学生合作的能力；学生热烈地讨论问题，有助于营造活泼生动的教学氛围，使学生从沉闷的课堂中解放出来，从而使学生乐学、会学和善用，养成良好的学习习惯，促进学生健康发展。自主、合作、探究教学模式，能充分发挥教师的主导作用与学生的主体作用。《小学语文新课程标准》鼓励学生自主探究，充分发挥学生的主体作用。而作为教学活动的组织者和实施者，充分发挥教师的主导作用是凸显学生主体地位的基础和前提。因此，教师要科学合理地设计和组织教学活动，使自主、合作、探究教学模式发挥最大的作用。

学生是学习和发展的主体，语文课程必须根据学生身心发展和语文学习的特点，关注学生的个体差异和不同的学习需求，爱护学生的好奇

心和求知欲，充分激发学生的主动意识和进取精神，倡导自主、合作、探究的学习方式。小学语文教学内容的确定、教学方法的选择和评价方式的设计，都应有助于这种学习方式的形成。语文综合性学习有利于学生在感兴趣的自主活动中，全面提高语文素养。它是培养学生主动探究、团结合作和勇于创新精神的重要途径，应该积极提倡。通过对小学语文课程的学习，学生应注意观察语言、文学和中外文化现象，学习从习以为常的事物中发现问题，培养探究意识和发现问题的敏感性，对未知世界始终怀有强烈的兴趣和激情，追求思维的创新和表达的创新。在探究活动中，学生要勇于提出自己的见解，尊重他人的成果，不断提高探究能力，逐步养成严谨、求实的学习习惯。

探究性学习不仅是一种重要的学习方式，还是小学语文课程教学的重要内容。小学语文课程教学更加关注学生学习方式的转变，积极倡导自主、合作、探究的学习方式。学生要独立地发现问题、分析问题和解决问题，主动构建知识，从而在知识、能力、情感、态度等方面获得发展。探究性学习是一种实践活动，要求学生能积极主动地获取知识、认识和解决问题。在探究性学习中，学生不仅要能通过亲身体验和探究活动，获得知识与技能，还要能通过探究性学习，理解事物的本质，培养探究精神，全面提高综合素质。探究性学习是培养学生的创新精神和创新能力，获得积极情感体验的创造性的学习活动。

小学语文教学要求教师在教学过程中，创设一种探究性学习氛围，以此激发学生的学习兴趣，发挥主观能动性。并且要深入挖掘教材内容，在多质疑思辨的基础上，形成有价值的探究问题，引导学生进行学习。并且要全面落实探究性学习，促使学生积极主动地学习。在小学语文教学中，教师要努力引导学生进行探究性阅读，使之获得阅读感悟和体验，做出对阅读文章的鉴赏和评价；要适时创设问题情景，引导学生质疑和进行探究，解决情景中的问题；要利用课文中隐含的深层次意义，激发学生进行自主探究式学习，提高学生的探究性学习能力；要围绕文本的解读，创设角色互动活动，让学生在角色互动中进行思考、分析和探究。

社会的不断进步发展要求人们有敏锐的思想，富有探索精神和创新能力，对自然、社会和人生具有更深刻的认识和思考。小学生身心发展日趋成熟，已具有一定的知识积累和阅读表达能力。因此培养小学生的探究能力，应成为小学语文课程的重要任务。小学语文教学在提高学生观察、分析和判断能力的同时，应重点关注学生思考问题的广度和深度，增强学生探究问题的意识和兴趣，掌握探究问题的方法，使学习语文的过程成为积极主动探索未知领域的过程。

第二节　小学语文新课程的教学目标

一、教学目标分析

（一）教学目标的功能

课堂教学目标在教学过程中占据举足轻重的地位，它既是教学的出发点，也是教学的归宿。教学目标是教学的宗旨，指引着教学的方向，支配着教学的过程。教学目标不仅是教学活动中学生所要达到的预期结果，还能反作用于教学活动，一旦教学目标制定，就会反过来影响教学活动。科学合理的教学目标，能够最大限度地调动学生的积极性，使教学活动产生最大的教学效果。教学目标对教学活动所起的作用，主要包括四个方面，分别是导向功能、指引功能、反馈功能和激励功能。

1. 导向功能

导向功能是指教学目标把教学活动导向一定的方向的功能，它是教学活动的可靠依据，对教学活动起着导向作用。教学目标能使教学活动具有目的性，避免了教学活动陷入盲目的状态，促进了教学活动的有序进行，使教学活动向着有意义的方向展开，提高了教学效率。

2. 指引功能

指引功能是指引教师采取恰当的教学方法进行教学的功能。在制定教学目标后，教师就可以根据教学目标的特点和层次，选择实现该目标的恰当的教学策略。例如，某一课的教学目标侧重于知识的掌握或学习的结果，就应采用接受学习和讲授教学相结合的策略，以提高教学效率。

3．反馈功能

教学目标是检验教学效果的工具，是评价教学效果的最客观、最可靠的标准，对教学活动具有反馈功能。首先，在教学检测和教学评价中，最重要的就是要评判教学活动是否达到了预期的教学目标，以及在多大程度上达到了预期的教学目标。其次，教学目标也是教师授课质量评价和课程评价等重要的评价标准之一。

4．激励功能

当一个难度适中的教学目标与学生的内部需求相契合时，就能有效激发学生的学习兴趣，使学生积极主动地参与到教学活动中。当教学目标与学生的内部需求和兴趣相一致，或难度适中时，为了满足这些需求，学生就会为达到教学目标而努力，教学目标从而起到明显的激励学生学习的作用。

（二）制定教学目标的意义

教学目标是教学理念向教学实践转化的桥梁，是课程标准的具体化。课堂教学目标的达成，是实现课程目标的基础。所以课堂教学目标是新课程得以实施的关键，是检验教师是否树立了先进的教学理念的标准，也是检验教师是否将先进的教学理念转变为教学实践的一个标准。因此，科学合理地设计教学目标，是实施有效教学的基础，是取得良好的教学效果的关键。

总之，教学目标的制定，在教学活动中具有极其重要的意义，具体表现在五个方面。第一，有利于教学的规范化。教学目标规定了教学的方向，使教师对教学有一个清晰的认识，让教师可以清楚地检查教学内容的范围，使教学内容覆盖认知、情感和方法等方面。第二，有利于促进教师的教学。教学目标是教学的目的与归宿，使教师知道教什么、怎么教、教到什么程度。第三，有利于指导学生的学习。教学目标规定了学生的学习方向和学习行为，使学生明确知道学什么、怎么学、学到什么程度。第四，有利于师生间、学生间的交往与沟通，有助于营造活泼、生动的教学氛围。第五，教学目标是教学评价的依据。科学合理的教学目标，有利于教学评价工作的顺利开展。同时，教学目标的达成程度，也是评价学生学习效果的主要依据。

二、教学目标的内容

(一) 总目标

第一，在语文学习过程中，培养爱国主义感情、社会主义思想道德和健康的审美情趣，发展个性，培养合作精神，逐步形成积极的人生态度和正确的价值观。

第二，认识到中华文化的丰厚博大，吸收民族文化智慧。关心当代文化生活，尊重多样文化，吸取人类优秀文化的营养，提高文化品位。

第三，培养热爱祖国语言文字的情感，增强语文学习的自信心，养成良好的语文学习习惯，初步掌握学习语文的基本方法。

第四，在发展语言能力的同时，发展思维能力，激发想象力和创造潜能。学习科学的思想方法，逐步养成实事求是、崇尚真知的科学态度。

第五，能主动进行探究性学习，在实践中学习、运用语文。

第六，学会汉语拼音，能说普通话，认识 3500 个左右常用汉字，能正确工整地书写汉字，并有一定的速度。

第七，具有独立阅读的能力，学会运用多种阅读方法。有较为丰富的积累和良好的语感，注重情感体验，发展感受和理解能力；能阅读日常的书报杂志，能初步鉴赏文学作品，丰富自己的精神世界；能借助工具书阅读浅易文言文。

第八，能具体明确、文从字顺地表述自己的意思。能根据日常生活需要，运用常见的表达方式写作。

第九，具有日常口语交际的基本能力，学会倾听、表达与交流，初步学会文明地进行人际沟通和社会交往。

第十，学会使用常用的语文工具书。初步具备搜集和处理信息的能力。

（二）阶段目标

1．第一学段（1～2年级）

（1）识字与写字

第一，喜欢学习汉字，有主动识字的愿望。

第二，认识常用汉字1600个左右，其中800个左右要求会写。

第三，掌握汉字的基本笔画和常用的偏旁部首，能按笔顺规则用硬笔写字，注意间架结构，初步感受汉字的形体美。

第四，写字姿势要正确，字要写得规范、端正、整洁，努力养成良好的写字习惯。

第五，学会汉语拼音。能读准声母、韵母、声调和整体认读音节；能准确地拼读音节，正确书写声母、韵母和音节。

第六，学习独立识字。能借助汉语拼音认读汉字，用音序检字法查字典。

（2）阅读

第一，喜欢阅读，感受阅读的乐趣，初步养成爱护图书的习惯。

第二，学习用普通话正确、流利、有感情地朗读课文，学习默读。

第三，结合上下文和生活实际了解课文中词句的意思，在阅读中积累词语，能够借助读物中的图画阅读。

第四，阅读浅近的童话、寓言、故事，向往美好的情境，关心自然和生命，对感兴趣的人物和事件有自己的感受和想法，并乐于与人交流。

第五，通过诵读儿歌、童谣和浅近的古诗，展开想象，获得初步的情感体验，感受语言的优美。

第六，认识课文中出现的常用标点符号。在阅读中，体会句号、问号、感叹号所表达的不同语气。

第七，积累自己喜欢的成语和格言警句。背诵优秀诗文50篇（段），课外阅读总量不少于5万字。

（3）写话

第一，对写话有兴趣，写自己想说的话。

第二，在写话中乐于运用阅读和生活中学到的词语。

第三，学习使用逗号、句号、问号、感叹号。

（4）口语交际

第一，学讲普通话，逐步养成讲普通话的习惯。

第二，能认真听别人讲话，努力了解讲话的主要内容。

第三，听故事、看音像作品，能复述大意和自己感兴趣的情节。

第四，能较完整地讲述小故事，能简要讲述自己感兴趣的见闻。

第五，与别人交谈，态度自然大方，有礼貌。

第六，有表达的自信心。积极参加讨论，敢于发表自己的意见。

（5）综合性学习

第一，对周围事物有好奇心，能就感兴趣的内容提出问题，结合课内外阅读，共同讨论。

第二，结合语文学习，观察大自然，用口头或图文等方式表达自己的观察所得。

第三，热心参加校园、社区活动。结合活动，用口头或图文等方式表达自己的见闻和想法。

2．第二学段（3～4 年级）

（1）识字与写字

第一，对学习汉字有浓厚的兴趣，养成主动识字的习惯。

第二，累计认识常用汉字 2500 个左右，其中 2000 个左右要求会写。

第三，会使用字典、词典，有初步的独立识字能力。

第四，能使用硬笔熟练地书写正楷字，做到规范、端正、整洁，能用毛笔临摹正楷字帖。

（2）阅读

第一，用普通话正确、流利、有感情地朗读课文。

第二，初步学会默读。能对课文中不理解的地方提出疑问。

第三，能联系上下文，理解词句的意思，体会课文中关键词句表情达意的作用。能借助字典、词典和生活积累，理解生词的意义。

第四，能初步把握文章的主要内容，体会文章表达的思想感情。

第五，能复述叙事性作品的大意，初步感受作品中生动的形象和优美的语言，与他人交流自己的阅读感受。

第六，在理解语句的过程中，体会句号与逗号的不同用法，了解冒号、引号的一般用法。

第七，学习略读，粗知文章大意。

第八，积累课文中的优美词语、精彩句段，以及在课外阅读和生活中获得的语言材料。

第九，诵读优秀诗文，注意在诵读过程中体验情感，背诵优秀诗文50篇（段）。

第十，养成读书看报的习惯，收藏并与同学交流图书资料，课外阅读总量不少于40万字。

（3）习作

第一，留心周围事物，乐于书面表达，增强习作的自信心。

第二，能不拘形式地写下自己的见闻、感受和想象，注意表现自己觉得新奇有趣的或印象最深、最受感动的内容。

第三，愿意将自己的习作读给人听，与他人分享习作的快乐。

第四，能用简短的书信便条进行书面交际。

第五，尝试在习作中运用自己平时积累的语言材料，特别是有新鲜感的词句。

第六，根据表达需要，使用冒号、引号。

第七，学习修改习作中有明显错误的词句。

（4）口语交际

第一，能用普通话与人交谈。在交谈中能认真倾听，领会要点，并能就不理解的地方向对方请教、就不同的意见与人商讨。

第二，听人说话能把握主要内容，并能简要转述。

第三，能清楚明白地讲述见闻，并说出自己的感受和想法。

第四，能具体生动地讲述故事，努力用语言打动他人。

（5）综合性学习

第一，能提出学习和生活中的问题，有目的地搜集资料，共同讨论。

第二，结合语文学习，观察大自然，观察社会，书面与口头结合表达自己的观察所得。

第三，能在教师的指导下组织有趣味的语文活动，在活动小学习语文，学会合作。

第四，在家庭生活、学校生活中，尝试运用语文知识和能力解决简单问题。

3．第三学段（5～6年级）

（1）识字与写字

第一，有较强的独立识字能力。累计认识常用汉字3000个左右，其中2500个左右要求会写。

第二，硬笔书写楷书，做到行款整齐，有一定的速度。

第三，能用毛笔书写楷书，在书写中体会汉字的美感。

（2）阅读

第一，能用普通话正确、流利、有感情地朗读课文。

第二，默读有一定的速度，默读一般读物每分钟不少于300字。

第三，能借助词典阅读，理解词语在语言环境中的恰当意义，辨别词语的感情色彩。

第四，联系上下文和自己的积累，推想课文中的有关词句的内涵，体会其表达效果。

第五，在阅读中揣摩文章的表达顺序，体会作者的思想感情，初步领悟文章基本的表达方法。在交流和讨论中，敢于提出自己的看法，作出自己的判断。

第六，阅读说明性文章，能抓住要点，了解文章的基本说明方法。

第七，阅读叙事性作品，了解事件梗概，能简单描述自己印象最深的场景、人物、细节，说出自己的喜欢、崇敬、向往、同情等感受。阅读诗歌，整体把握诗意，想象诗歌描述的情境，体会诗人的情感。受到优秀作品的感染和激励，向往和追求美好的理想。

第八，学习浏览，扩大知识面，根据需要搜集信息。

第九，在理解课文的过程中，体会顿号与逗号、分号与句号的不同用法。

第十，诵读优秀诗文，注意通过诗文的声调、节奏等体味作品的内容和情感，背诵优秀诗文 60 篇（段）。

第十一，利用图书馆、网络等信息渠道尝试进行探究式阅读。扩展自己的阅读面，课外阅读总量不少于 100 万字。

（3）习作

第一，懂得写作是为了自我表达和与人交流。

第二，养成留心观察周围事物的习惯，有意识地丰富自己的见闻，珍视个人的独特感受，积累习作素材。

第三，能写简单的纪实作文和想象作文，内容具体，感情真实。能根据内容表达的需要，分段表述。

第四，学习读写笔记和常见应用文。

第五，能根据表达需要，使用常用的标点符号。

第六，修改自己的习作，并主动与他人交换修改，做到语句通顺，行款正确，书写规范、整洁。

第七，课内习作每学年进行 16 次左右。40 分钟能完成不少于 400 字的习作。

（4）口语交际

第一，与人交流能尊重、理解对方。

第二，乐于参与讨论，敢于发表自己的意见。

第三，听人说话认真耐心，能抓住要点，并能简要转述。

第四，表达要有条理，语气、语调适当。

第五，能根据对象和场合，稍作准备，作简单的发言。

第六，在交际中注意语言美，抵制不文明的语言。

（5）综合性学习

第一，为解决与学习和生活相关的问题，利用图书馆、网络等信息渠道获取资料，尝试写简单的研究报告。

第二，策划简单的校园活动和社会活动，对所策划的主题进行讨论和分析，学写活动计划和活动总结。

第三，根据自己身边的、大家共同关注的问题，或电视、电影中的故事和形象组织讨论、专题演讲，学习辨别是非善恶。

第四，初步了解查找资料、运用资料的基本方法。

三、教学目标的解读

教学目标可以分为知识与能力、过程与方法、情感态度与价值观三大类。小学语文教学目标和各个阶段的教学目标整合了知识与能力、过程和方法、情感态度和价值观的学习要求。这样便于沟通不同学科中相同的学习行为，体现了当前小学阶段各学科的共同目标追求。为了在教学中真正贯彻和落实小学语文新课标的先进理念，还需要从"三维"的角度对小学语文课堂教学目标进行分类。

（一）知识与能力

知识是对客观事物性质经验的概括，能力是指个人完成某种活动所必需的个性心理特征。能力是获得知识和技能的前提，知识是形成能力的基础。语文知识是一个以语言为核心，以语言的方式表达和存在着的多元知识体系。小学语文教学的知识体系主要包括语言知识、文学知识、文章知识、经验知识和策略知识。

第一，语言知识。语言知识教学的根本目的是将知识转化为在听、说、读、写实践中驾驭语言文字的能力。第二，文学知识。文学教育是小学语文课程的重要组成部分，文学知识也就必然成为小学语文教学的知识目标体系的重要组成部分。第三，文章知识。教材选文分为论述类、实用类和文学类三种类型，其中涵盖了文章知识的教学。第四，经验知识。语文的学习既是运用已有经验知识的过程，又是积累新的经验知识的过程。第五，策略知识。策略知识是指学生学习语文的方法性知识。掌握学习语文的基本方法，才能根据需要采取适当的方法解决阅读和交流中的问题。

在小学语文教学中，学习语文知识是必要的，其目的是运用知识。在语文教学实践中，知识不是割裂、支离破碎、机械重复地再现，而是加以整合运用出现的。在小学语文教学过程中，教师要注重整合、强调知识在运用中的价值，教学的重点应放在使知识向能力，乃至素养方面的转化上。小学语文教学能力目标体系主要包括具备独立的阅读能力，注重情感体验，有较丰富的积累，形成良好的语感；能借助工具书阅读浅易文言文；能根据语境揣摩语句含义，运用所学的语文知识，帮助理解结构复杂、含义丰富的语句，体会精彩语句的表现力；学会灵活使用常用的语文工具书，能利用多媒体收集和处理信息；能在生活和其他领域的学习中，正确、熟练、有效地运用语文；能具体明确，文从字顺地表达自己的意思；能根据日常生活需要，运用常见的表达方式写作。由此可见，小学语文教学能力的目标主要是提高学生的语文素养，培养学生运用母语进行听、说、读、写的能力。

（二）过程与方法

过程与方法，是指在一门学科的学习中，学生对所学知识技能的反思、批判与运用。过程是一种途径，过程的价值在于使学生经历知识与能力的获取，经历失败的痛苦与成功的喜悦；方法是学习的方法、探究的方法和合作的方法，方法的价值在于使学生学会学习。在课程目标的结构体系中，过程与方法是基础性的动态支持系统。当某个学习活动开始时，主体调用需要的知识技能，依据一定的情感态度价值观为取向，采取特定的方法与策略，在活动目标、自我兴趣与需要的驱动下，建构起具有一定效能的活动过程。语文教育本身应是一个动态的过程，学、思、议、读、写和口语交际，都是学生实践的过程。在实践的过程中，学生不仅增长了知识、增强了能力，而且使智力获得发展，情感受到熏陶；不仅掌握了学习方法，而且学会了如何学习语文，由此可见语文学习过程与学习方法的重要性。

现代语文教学中倡导自主、合作、探究的学习方式，并强调了对学习方式的选择和运用。即根据自己的特点，扬长避短，逐步形成富有个性的语文学习方式。教师应引导学生了解学习方法的多样性，掌握基本的语文学习方法，根据需要采取适当的方法解决阅读和交流中的问题。新课标正是从现代社会对新人素质和能力的需求出发，将学生语文学习和实践的过程视为自主、合作、探究的过程，即引导学生通过有质量的阅读和写作活动，去探讨人生价值和时代精神，逐步形成自己的思想和行为准则，树立积极向上的人生理想，增强振兴中华的使命感和社会责任感。在语文教学中，要培养小学生独立思考、合作探究的良好习惯，更要发展创造性探究活动所必备的严密、深刻和具有批判性的思维。

（三）情感态度与价值观

情感，是人对所经历过的事实的心理体验，它不仅指学习热情，更指内心体验和心灵世界的丰富；态度，则是人内在体验的外在流露。情感态度不仅指学习态度和学习责任，还指乐观的生活态度、求实的科学态度和宽容的人生态度。价值观就是对价值的看法，强调个人价值与社会价值的统一，科学价值与人文价值的统一，以及人类价值与自然价值的统一，从而使学生从内心确立对真善美的价值追求，以及人与自然和谐相处的理念。从横向看，这三个要素具有相对独立性，它们构成了人的感性世界或非理性世界的相对完整的画面；从纵向看，这三个要素又具有层次性，它们共同构成了一个由低级到高级的心灵连续体。

情感态度与价值观，是人对亲身经历过的事实的体验性认识，由此产生的态度、行为和习惯是对互动教学中心理因素的功能性要求。因为情感态度与价值观不仅有着密切的内在联系，还有一种共同功能，即对师生互动教学过程与方法的优劣，有极其重要的影响和制约作用；对知识与技能这一结果性目标的达成，有巨大的调控作用。就一门学科而言，情感态度与价值观伴随着对该学科的知识和技能的反思、批判与运用实现的学生个性倾向性的提升；就语文课程而言，它是指培养学生高尚的道德情操和健康的审美情趣，形成正确的价值观和积极的人生态度。在教学实践中，人们要努力把这些体现学生内在变化的情感态度与价值观的目标有机融合并贯穿在教学过程中。

四、教学目标的实现方法

（一）利用课程资源实现

课程资源包括课堂教学资源和非课堂教学资源。课堂教学资源都是按照新课程标准和三维目标的要求设置的学习目标和学习任务。非课堂教学资源包括图书、报纸、刊物、电视、电影、网络环境、校园文化、社区风俗、文物古迹、自然景观、人文精神、国际国内大事、学生的家庭生活和日常生活，它们都是可供利用的课外学习资源。在引导学生开发和利用这些资源时，教师要指导学生采取适当的学习方式，注意个人的情感体验，获取知识和能力的发展。

（二）在教学过程中实现

1. 主体参与的有效化

在教学过程中，教师要尊重学生的人格，尊重学生的个性差异。教师要学会赞赏学生，帮助学生树立学习的兴趣。在语文教学中，教师要注重培养学生选择的能力和履行职责的能力，使学生有能力选择学习的内容和方法，能够胜任独立学习以及合作学习中的任务。语文教学要与学生的生活世界相联系，激活学生的生活经验，使学生作为学习主体，有效地参与语文学习的过程。

2．情感态度的个性化

学生是千差万别的学习主体，在具体的学习内容、学习过程、学习场景和学习范畴中，在个人的情感体验上，都会各不相同。教师要充分尊重学生的这种差异，并注意保护和开发学生独特的个人情感体验，让个性化的情感体验在学生的学习过程中和教师的指导过程中，得到丰富和发展。教师要引导学生能够联系文化背景，对学习内容的思想感情倾向作出自己的评价，对学习内容中感人的情境和人物形象，能够说出自己的情感体验。

3．目标任务的多样化

对每个学生来讲，他们各自的知识结构、人生经历、生活阅历、情感倾向、个性特色、学习习惯和学习方法等，都存在差异。这些差异都直接或间接影响到学生的学习效果，所以教师要能够使课堂教学中要求学生所达到的目标任务多样化，让基础不同的学生，达到符合自己发展需要的目标要求。学生只有在达到自己的目标任务的前提下，才能够享受到学习成功的快乐，才会对学习充满信心，才能更顺利地进行更高层次的学习。

（三）在自主学习过程中实现

当今的课堂教学，应当成为学生自主、合作、探究学习的天地。自主学习，是指学生在学习的过程中，有较强的主体作用，能够自我定向、自我选题、自我激励、自我监控和自我评价；合作学习，是指在学习的过程中，学生借助小组和团队的力量，共同完成学习任务，更加有效地进行学习；探究学习，是指在学习的过程中，学生采用探究的方式，在设定的情境下进行探究，学生通过自主、独立地进行选题、调查、收集资料、处理信息、交流材料和表达与交流等探索活动，获得探索精神和创新能力的学习方法和学习过程。自主、合作、探究三者相辅相成，有机结合。自主、合作、探究的学习方式以学生为中心，使学生成为学习和发展的主体，学生采取这样的学习方式，在学习的过程中，有情感的投入，能获得有效的情感体验，有利于学生良好价值观的形成。同时，也发展了学生的能力，使知识和文化得到积累。

第三节　小学语文新课程的实施建议

一、教学建议

（一）总体建议

第一，充分发挥师生双方在教学中的主动性和创造性。语文教学应在师生平等对话的过程中进行，学生是语文学习的主人，语文教学应激发学生的学习兴趣，注重培养学生自主学习的意识和习惯，为学生创设良好的自主学习情境。自主、合作、探究的学习方式与有意义的接受性学习相辅相成。而教师应尊重学生的个体差异，鼓励学生选择适合自己的学习方式。教师是学习活动的组织者和引导者，应转变观念，更新知识，钻研教材，不断提高自身的综合素养；应创造性地理解和使用教科书，积极开发课程资源，精心设计教学方案，灵活运用多种教学策略，引导学生在实践中学会学习。

第二，在教学中体现语文的实践性和综合性。努力改进课堂教学，整体考虑知识与能力、过程与方法、情感态度与价值观的综合，提倡启发式和讨论式教学。沟通课堂内外，充分利用学校、家庭和社区等教育资源，开展综合性学习活动，拓宽学生的学习空间，增加学生语文实践的机会。

第三，重视情感态度和价值观的正确导向。培养学生高尚的道德情操和健康的审美情趣，形成正确的价值观和积极的人生态度，是语文教学的重要内容。这与语文能力的提高、语文学习过程和方法的形成是融为一体的，不应把其当作外在的附加任务。教师应该根据语文学科的特点，注重熏陶感染，潜移默化，把这些内容渗透于日常的教学的过程中。

（二）具体建议

1. 识字、写字与汉语拼音教学

识字、写字是阅读和写作的基础，是第一学段的教学重点。对学生识字与写字的要求应有所不同，要贯彻多认少写的识字教学原则，讲究合适的教学方法，以减轻学生负担。识字教学要将儿童熟识的语言因素作为主要材料，同时充分利用儿童的生活经验，引导学生利用课外各种机会主动识字，力求实用结合。要运用多种识字教学方法和形象直观的教学手段，创设丰富多彩的教学情境，提高识字教学的效率。写字教学要重视对学生写字姿势的指导，引导学生掌握基本的书写技能，养成良好的书写习惯。汉语拼音教学，要尽可能有趣味性，应以活动和游戏为主，与学说普通话、识字教学相结合。

2. 阅读教学

阅读是搜集处理信息、认识世界、发展思维和获得审美体验的重要途径。阅读教学是学生、教师、教科书编者和文本之间对话的过程。阅读是学生的个性化行为，教师应引导学生钻研文本，在主动积极的思维和情感活动中，加深理解和体验，使学生有所感悟和思考，受到情感熏陶，获得思想启迪，享受审美乐趣。教师要珍视学生独特的感受、体验和理解，既不应完全以教师的分析来代替学生的阅读实践，也要防止用集体讨论代替个人阅读，或远离文本过度发挥。

阅读教学应注重培养学生感受、理解、欣赏和评价的能力，这种综合能力的培养，各学段可以有所侧重，但不应把它们机械地割裂开来。在教学中，还要逐步培养学生探究性阅读和创造性阅读的能力，提倡多角度、有创意的阅读。利用阅读期待、阅读反思和批判等环节，拓展思维空间，提高阅读质量。各个学段的阅读教学，都要重视朗读和默读，应加强对阅读方法的指导，让学生逐步学会精读、略读和浏览。有些诗文应要求学生诵读，以利于学生积累、体验和培养语感。

在阅读教学中，为了帮助学生理解课文，教师可以引导学生学习必要的语法和修辞知识，如词类、短语结构、句子成分和常见修辞等，但不必进行系统的语法修辞知识教学，更不应要求学生死记硬背这些知识。在教学中，教师要培养学生广泛的阅读兴趣，扩大阅读面，增加阅读量。阅读教学提倡少做题，多读书，好读书，读好书，读整本的书，鼓励学生自主选择阅读材料。

3．写作教学

写作是运用语言文字进行表达和交流的重要方式，是认识世界、认识自我和创造性表述的过程。写作能力是语文素养的综合体现。写作教学应贴近学生实际，让学生易于动笔、乐于表达，应引导学生关注现实，热爱生活，积极向上，表达真情实感。第一学段和第二学段可以从写话、习作入手，以降低起始阶段的难度，重在培养学生的写作兴趣和自信心。在写作教学中，应注重培养学生观察、思考、表现和评价的能力。要求学生说真话、实话和心里话，不说假话、空话和套话，激发学生展开想象和幻想，鼓励想象中的事物。教师应为学生的自主写作提供有利的条件和广阔的空间，减少对学生写作的束缚，鼓励自由表达和有创意的表达，少写命题作文。并加强对平时练笔的指导，提倡写日记、书信和读书笔记等。写作教学应抓住取材、构思、起草、加工等环节，指导学生在写作实践中学会写作，重视引导学生在自我修改和相互修改的过程中提高写作能力。

4．口语交际教学

口语交际能力是现代公民的必备能力。在教学中，应培养学生倾听、表达和应对的能力，使学生具有文明和谐地进行人际交流的素养。口语交际是听与说双方的互动过程，教学活动主要应在具体的交际情境中进行。口语交际教学应努力选择贴近生活的话题，采用灵活的形式组织教学，不必过多传授口语交际知识，鼓励学生在各科教学活动和日常生活中锻炼口语交际能力。

5. 综合性学习

综合性学习主要体现为语文知识的综合运用，听、说、读、写能力的整体发展，语文课程与其他课程的沟通，书本学习与生活实践的紧密结合。综合性学习，应突出学生的自主性，重视学生主动积极的参与精神，主要由学生自行设计和组织活动，特别注重探索和研究的过程。综合性学习应强调合作精神，注意培养学生策划、组织、协调和实施的能力，提倡与其他课程相结合，开展跨领域学习。

二、教学评价建议

（一）总体建议

1. 充分发挥语文课程评价的多种功能

语文课程评价具有检查、诊断、反馈、激励、甄别和选拔等多种功能，其目的不仅是为了考查学生实现课程目标的程度，更是为了检验和改进学生的语文学习和教师的教学，改善课程设计，完善教学过程，从而有效地促进学生的发展。教学评价应发挥语文课程评价的多种功能，尤其应注意发挥其诊断、反馈和激励功能。

2. 综合运用多种评价方式

在小学语文教学评价中，形成性评价和终结性评价都是必要的，但应加强形成性评价。评价活动提倡采用成长记录的方式，注意收集和积累能够反映学生语文学习发展的资料，记录学生的成长过程。对学生语文学习的日常表现应以表扬、鼓励等积极的评价为主，采用激励性的评语，从正面加以引导。小学语文教学评价，要坚持定性评价和定量评价相结合。语文学习具有重情感体验和感悟的特点，更应重视定性评价。学校和教师要对学生的语文学习档案资料和考试结果进行分析，评价结果的呈现方式除了分数或等级外，还应用最有代表性的客观事实描述学生语文学习的进步和不足，并提出建议，同时评价设计要注重可行性和有效性，防止片面追求形式。

3．促进评价主体的多元化

语文教学评价应注意将教师的评价、学生的自我评价和学生之间的相互评价相结合，加强学生的自我评价和相互评价，还应让学生家长、社区机构等积极参与评价活动。在实施评价时，要尊重学生的主体地位，面向全体学生，尊重个体差异，促进每个学生的健康发展。

（二）具体建议

1．识字与写字

汉语拼音能力的评价，重在考查学生认读和拼读的能力，以及借助汉语拼音认读汉字、纠正地方音的情况。评价识字要考查学生认清字形、读准字音、掌握汉字基本意义的情况，以及在具体语言环境中运用汉字的能力，借助字典、词典等工具书识字的能力，并且不同的学段应有不同的侧重。识字与写字教学，要关注学生日常识字的兴趣，激发学生识字与写字的积极性，关注学生写字的姿势与习惯，重视书写的正确、端正和整洁。

2．阅读

阅读评价要综合考查学生阅读过程中的感受、体验、理解和价值取向，既要关注其阅读兴趣、方法与习惯，也要关注其阅读面和阅读量，以及选择阅读材料的趣味和能力。重视对学生进行多角度、有创意阅读的评价。

3．写作

写作评价综合考查学生作文水平的发展状况，应重视对学生写作的过程与方法、情感与态度的评价。例如，是否有写作的兴趣和良好的习惯，是否表达了真情实感，表达是否得体恰当，对有创意的表达应予鼓励。写作教学评价要重视对写作材料准备过程的评价，这个过程不仅要具体考查学生占有材料的丰富性和真实性，也要考查他们获取材料的方法。教师要用积极的评价，引导学生通过观察、调查、访谈和阅读等途径，运用多种方法搜集材料。

在评价中，教师要重视对作文修改的评价，要注意考查学生对作文内容、文字表达的修改，也要关注学生修改作文的态度、过程和方法。要引导学生通过自改和互改，取长补短，促进相互了解和合作，共同提高写作水平。新课标倡导采用多种评价方式，评价方式可以是书面的，可以是口头的；可以用等级表示，也可以用评语表示；还可以综合采用多种形式。小学语文教学评价，提倡建立写作档案，除了存留有代表性的课内外作文外，还应有关于写作态度、主要优缺点以及典型案例分析的记录，以全面反映写作实际情况和发展过程。

4．口语交际

评价学生的口语交际能力，应重视考查学生的参与意识和情意态度。评价应在具体的交际情境中进行，让学生承担有实际意义的交际任务，以反映学生真实的口语交际水平。

5．综合性学习

综合性学习的评价，应着重考查学生的探究精神和创新意识，尤其要尊重和保护学生学习的自主性和积极性，鼓励学生运用多种方法，从不同的角度进行多样化的探究。这种探究，既有学生个体的独立钻研，也有学生群体的讨论切磋。所以除了教师的评价之外，要多让学生开展自我评价和相互评价。评价的着眼点主要包括在活动中的合作态度和参与程度；能否在活动中主动地发现问题和探索问题；能否积极地为解决问题去搜集信息和整理资料；能否根据现有的课内外材料，形成自己的假设或观点；语文知识和能力综合运用的表现；学习成果的展示与交流。在评价时，要充分注意学生在解决问题的过程中采用的思路和方法。尤其对不同于常规的思路和方法，要给予足够的重视和恰当的评价。

第二章　小学语文课堂教学研究

第一节　小学语文教育特点

小学语文属于人文基础学科，承载着我国的灿烂文化，影响着人们精神世界。这就要求广大一线现代小学教师在教学中要发掘文本中蕴含的人文因素，让班级学生在学习过程中内化为积极的情感体验。语文基础教育中的人文教育，不是灌输和说教，而是让班级学生在感受、理解语言文字的过程中潜移默化地受到启迪与感染。

小学语文作为具有很强实践性的基础教育学科，教师们要注意该学科与实际生活相结合的有效实践。小学语文教育作为小学生母语课程，各方面都能够用到它，实用性很强。人类生活都需要言语沟通交流，这也是应该让班级学生更多地到生活中学习的重要因素。

基础语文教育还要考虑到中华汉字的独有特点，在教学实践应用中，教师要学会培养学生良好的语言感知能力，即语感。教师要引导儿童充分感受到文字魅力，才能激活班级学生头脑中储存的文字表象，使他们以后能够从名篇中潜心品读、反复诵读、比较品评、展开联想与想象。班级学生也会对文章产生真切感受得到体会，其所承载的情感、魅力浸润到班级学生内心，引起他们在情绪上的共鸣反应，从而培养了语感。

小学教师还要注意的是良好的语感，它是以整体感知为主要基础的，因此这也是要中小学语文教师培养学生时，注意现代小学生的理解能力和对整体把握程度，从问题整体入手，感受、体味、领悟作品。通过这一列的流程下来，班级学生才会完整的把握作品、理解作品具体的表达内容，进而形成良好的语感。

语文教育的特点，是对于低年级学生逐渐培养对课本的思想感情理解的过程，而在小学语文教育中，逐渐培养低年级学生理解课文思想感情的最好方法，这是便是在学习过程更好地融入情感因素，只有将情感因素融入小学语文教学中与学习中，才能够提高低年级学生对语文课文内容思想感情理解，也能够不断提高学生学习效果。

第二节　影响小学语文课堂教学有效教学存在的问题

一、当代现代小学教师对新课标的把握的偏差

（一）工具性和人文性二者的偏废

校园小学语文的实质就是帮助低年级学生掌握语言这个交际和交流的工具。语文教学，就是帮助低年级学生通过语言学习，掌握思维能力和开发智力。好的小学语文作品是编写者思想的精粹，是富于思想性、教育性、社会性、情感性与审美性的，教材如此那么教学也应当如此。

现在教科书的选编都属于精心挑选的名篇，讲解、分析、评价文章，特别是文学作品，必然富于感情色彩。但将其放在小学语文课堂中，一些小学语文教师重工具性轻人文性，导致在小学阶段的学生对文章整体感受模糊。一片精彩洋溢的文章被简化为几个生字词、几个修辞句、几段背诵段。这种忽视文章源流的行为，使得教材局限在课文本身，使学生对文章的作者、背景、题材等文学常识一无所知。

在科学技术迅猛发展的互联网时代中，我国教育事业在综合国力不断增强的前提下显得尤为重要，小学语文教学作为低年级学生良好习惯养成的重要阶段，其教学方式以及教学模式十分重要。当前小学语文教学中的做有效的教学方法便是从孩子们内心情感出发，通过在教学时对孩子们情感的积极引导、熏陶和感染，使低年级学生在语文课堂中收获语文知识，并且能够收获更多的情感体验，从而促使小学生情感与价值

观的发展。

（二）无法把握小学语文基本特点

小学语文是"百科之母"，是基础教育的重中之重，小学语文具有综合性的特点。小学语文还具备知识的多样性、小学语文能力多极化、教材形式多样化的特征。小学语文不仅要进行基础的德育，也要进行美育的培养。小学语文教学与情感教育有着十分紧密的联系，二者相辅相成，密不可分，可以说小学语文游戏形式的教学是低年级学生情感教育的重要体现。

例如《一面五星红旗》讲述的是一名中国留学生在国外因一次独自远足发生意外，身无分文几近饿死也要保全国旗的感人故事。在课文中，没有直抒胸臆地说出我爱祖国，但是六次出现"五星红旗"或"国旗"，几乎每次出现都可以让读者感受到主人公的神态、动作、语言、心理活动，体会到作者对五星红旗那强烈而深沉的热爱。文章语言朴实、情感内隐，对孩子们来说不太好理解。因此有些教师选择直接将答案告诉学生，忽视了学生的主体性。

现在小学语文教育作为基础德育，需要以情感渗透的方式进入学生内心，而非教师自顾自地感动了自己。

（三）小组合作的学习互动环节流于形式

低年级学生情感表达和感受通常是较为肤浅的，因此孩子们情感在语文教学过程中比较容易受到语文教师情感的影响。教师大多找几个与课文相关的问题进行探讨研究，问题面大、量多，却缺乏深度和探索性，只求把语文课堂搞热烈，气氛搞活跃，让班级学生有话可说，避免冷场二极尽鼓动之能事，行章就草，浮光掠影，虚情假意掩饰了小学语文课的真正内涵，掩盖了课堂上学生表现的本真发挥，抛却了课堂上学生表现的个人感受。

（四）多媒体教辅手段使用的不当

优质课的评比中，一些教师认为不使用多媒体就赶不上改革的潮流，因此缺少创造性，甚至有些学校的评课将其列为得分点，不管什么类型的课文，统统使用多媒体。如今互联网自媒体已经展现其影响力，多媒体形式的教育课堂是属于现代化的教育发展。由于课堂上学生表现的思维方式偏向形象和直观，所以喜欢更易于理解的图片、动画、视频，而非文本。以往的大量教学事实证明，低年级学生如果没有养成正确的学习动机，便会表现出注意力难以集中，情绪不定，意志力弱等现象。

要使多媒体形式的语文教学激发小学生独立思考和探索新知识的兴趣，一定要注意充分采取课堂上的孩子们能够接受的语言，合理运用多媒体手段并配合辅助设施等，让班级学生可以全身心投入学习而不觉得疲劳。

二、当代现代小学教师对文本解读的误区

（一）缺乏对文章整体内容形式的观照

小学语文课本质上是教师文学素养的体现，现代小学教师对文本的渗透、理悟、潜移默化，需要调动班级学生的情感体验，或理性地解剖文章，或激情的与人物共鸣，教师要把自己对文本的理解与每个学生对文本的理解沟通起来，找准一个切入点，与班级学生产生共鸣，探讨、理解文章阐释的观点以及蕴含的思想内容，而不是找几个具有概括性的问题广泛讨论，其问题设计要具有启发性、思辨性、逻辑性，把自己的理解融入文本教学中。

如在《长相思》的教学中"山一程，水一程。身向榆关那畔行，夜深千帐灯。风一更，雪一更。枯碎乡心梦不成，故园无此声。"，将"山一程，水一程"理解为一程山一程水，将"风一更，雪一更"理解为一更风雪。

上片描写千军万马跋山涉水，浩浩荡荡向山海关进发，声势盛大。入夜之后营帐中灯火辉煌，宏伟壮丽。下片写笔者思乡心切，感到孤单落寞。夜已深，帐外风雪阵阵，使人无法入眠，归梦难成，不由得生出

怨恼之意。

（二）缺乏对作者意图价值取向的揣摩

在"课文价值取向"的概念中，首先是作者的价值取向。作者写成一篇文章，总是要表达自己的一种思想，一种情感，从中无不体现着自己的价值取向。要传达课文的价值取向当然也离不开对笔者创作本意价值取向的探求，语文教师在小学语文教学过程中通过对学生进行情感教育渗透，不仅能够有效提高小学语文的课堂效率，同时也能够促进低年级学生情感与价值观的发展，全面提升孩子们综合素质。阅读的本质即历史性读物总是在不断更新的阅读中生成出永不完结的意义。

例如《去年的树》讲述了这样一个故事：鸟儿和树是好朋友，它天天唱歌给树听，将要飞回南方时，鸟儿答应了树的请求——还要回来唱歌给它听。可是第二年春天，当鸟儿飞回来找它的朋友时，树却不见了。鸟儿四处寻访，最后找到由树做成的火柴点燃的灯火。朋友不在了，友情还在，诺言还在，它心里充满了忧伤和惆怅，面对着由朋友的生命点燃的煤油灯，唱起了去年的歌。

这则故事主要通过对话展开故事的情节，推动故事的发展。课文所说明的道理，也在对话以及后来鸟儿的表现中逐步显现出来，而这则故事也告诉了班级学生做人要信守诺言，珍惜朋友之间的情意。

引导学生的时候，可以让学生思考这样的问题：树可以砍吗？

学生会带着疑问来了解树的作用，然后引出其美化环境、保护环境等一系列问题。教师需要提出如果都不砍树，怎么建房子供我们居住，怎么制造火柴帮助我们点火等反对问题，让孩子通过查询，找到一些自己认为可行的办法。

这样的一个流程下来，学生能够了解种树是为了生活得更美好，砍树也是为了生活得更美好。二者不可缺，不能只提倡种树，而不让砍树。另外文章中提到了友情和守信，也说明了课文本身包含的信息量很大，让读变得更加多元化。

（三）缺乏读者个性化的阅读心灵体验

现代美学的价值观告诉我们，读者的阅读不是被动、静止地接受笔者的结论和意义，而是充分发挥自己的主观能动性，调动自己的期待视野，根据作品中的"空白点"和"不确定性"等"召唤结构"进行思考、联想、想象、填补、反思，从而创造出新的意义的过程。现代小学教师对教材文本的阅读，不仅是一般意义上的读者的阅读，还应在把握文本基本价值取向的同时，对教材文本给出自己的理解和意义的建构，并合理地运用于教学，使学生在领悟笔者意图、读懂文章的前提下，谈出自己的感受和看法，获得自己个性化的阅读心灵体验，激发小学生阅读的兴趣、提高学生阅读的理解能力。

如《小鹰学飞》叙述了小鹰在跟随老鹰学飞的过程中，老鹰不断向小鹰提出新的目标，从而使小鹰知道学习没有止境，应该不断进取的道理。教师可以询问老鹰的教育方式是否正确让学生各抒己见，只有建立在平等的基础上，语文课堂对话才能是以石击石的火花迸射；以心连心的心潮相逐；以思促思的智力引爆；以情生情的激情奔涌。

三、当代现代小学教师对学情估计的不足

（一）模糊班级学生学段特点

阶段性不清，各年级阅读理解教学都在分析内容上用力，教学目标越位与不到位的问题同时存在。阅读理解教学低年级向中年级靠拢，中年级向高年级靠拢的倾向明显。低年级忽视朗读教学和词句教学；中年级忽视段的教学；高年级只注重分析内容，忽视学习语言、领悟写法，重语意，轻语言。

拿低年级来说，在阅读理解教学中进行频繁的问答，去分析课文内容，这就是越位；而用在识字、学词、写字上的时间很少，用在指点、引导班级学生正确地朗读课文上的时间很少，这就是不到位。要依照《课程标准》的年段目标，明确学什么，不学什么；教什么，不教什么。只有不折不扣地达成年段目标，体现阶段性，才能环环相扣，螺旋上升，最终实现小学阶段的各项目标。

如在学习《司马光》一文时，让学生在没有理解生字词的前提下，就让学生找出这则文章的写作顺序，导致教室里一片寂静，班级学生无人能答。在自问自答圆场之后，教师又让班级学生找事情的起因、经过、发展和结果，效果可想而知。这样拔高要求，只会让语文课堂该落实的不到位、拔高要求的够不着。

（二）没有关注全体班级学生

小学语文的核心理念是全面提高每一个学生的素养，使每一个学生表现的潜质都得到充分发展。但是在具体实施时，教师往往是自觉或不自觉地把关注的焦点放在自己身上，导致对学习的主体也就是学生一定程度的忽视，使教学成为一种教师理想化的活动，教与学不能同步。想不出导致不愿意想、害怕说和不会说。教师关注的焦点应转移到班级学生身上，尤其是那些弱势群体上。在每项教学实践活动中，都会有主动积极的参与者，也会有被动的参与者，还有一些是根本不参与的。很多教师还没有习惯观察课堂上学生进行和探究方式，没有给学生充分的时间思考和讨论，就草草地进入下一个环节，教师应该注意并思考性地倾听与之交流，从深层感受和理解学生，引领孩子的思维一步步走向清晰和准确，从而发现和鼓励课堂上学生表现的创造精神。

四、小学教师语文课堂评价浮于表面

（一）评价未起到鼓励课堂上学生表现的作用

有的教师评价语言单一，课堂上学生表现的积极性被打消；有的教师评价言过其实，班级学生自信心受打击；有的评价内容缺乏依据，导致在小学阶段的学生不知所措。新课标指出："小学语文课程评价的目的不仅是为了考察班级学生达到学习目标的程度，更是为了检验和改进课堂上学生表现的小学语文学习和小学语文教师的教学，改善课程设计，完善教学过程，从而有效地促进课堂上学生表现的发展。"

因此教学方法发展，要运用各种有效的评价手段，发挥评价的激励、导向、调控、诊断等功能，为基础教育儿童的学习构建出富有诗情的、和谐的生态评价环境，促进课堂上学生表现的和谐发展，这才是新课程低年级学生小学语文课堂学习评价的诗意追寻。小学语文教师要努力以真诚的语言、温和的表情、期待的目光、宽容的态度来激起班级学生。让低年级学生能够培养出主动参与学习、不断创新的欲望和需求，正确地激发出班级学生发现和发展的多方面潜能。通过评价让学生看到自己前进的足迹，进而享受成功的喜悦，增强学习的信心和力量。

（二）评价未起到指点、引导班级里的小学生们作用

评价应该做到"因材施教"、鼓励为主。但是不能一味地迎合学生。开放式的问题可以让学生各抒己见，但是如果学生在理解上出现偏差也应当有策略地指出，不能误导学生。作为小学语文教师，在贯彻新课程理念时，不应只从概念上理解，从形式上改变，应着眼于语文基础教育的本质，从文本的实际、课堂上学生表现的实际出发，对学习有困难者给予点拨，给表现优秀者在表扬的同时，还应帮其反思经验，再提供指引，帮助低年级学生提升学习能力，延伸学生思维空间，使每位学生都能主动建构知识、技能与文化心理。这就需要小学语文教师们进行建构性评价，充分发挥评价的判断、提升、延伸功能。

在语文课堂评价中，小学语文教师必须对班级上的学生建构知识和经验，给予出必要的方法进行引导，小学教师作为旁观者有意识地渗透一些基本方法，才能够发挥评价的提升教学效果。通过评价的这种模式，让学生发现自己的不足，能够更好地明确努力他们的方向，让学生自己形成对自己的鞭策；通过评价融洽教师与课堂上学生表现的关系，加强师生的沟通和理解，进行心与心的撞击，使学生能"尊其师而信其道"。

第三节　小学语文课堂有效教学的基本要素

一、情境与问题

"文章合为时而著，歌诗合为事而作"，因此写文章要依据当时的背景、笔者的心境。那么语文基础教育所依托的文本也不能抛开情境孤立地分析，现代小学教师在教的过程中，应遵循学生心理特点，有目的地

穿插具有一定感情色彩、形象生动的具体场景，用以唤醒学生已有的经验，从而产生自己特殊的情感体验，帮助他们理解教材，促进学生知识能力、过程方法、情感态度和价值观得到充分发展。

在教学中通过文字和演绎，来引起课堂上学生表现的共鸣才是语文情境教学法的核心，情境式语文教学，是在小学语文教师将所学知识进行提炼和加工后才呈现给课堂上学生表现的，这种精心设计情境式教学，存在着潜移默化、润物无声的暗示作用，不仅优化了教学过程，也落实了教学效果。

二、阅读与思维

学生阅读作为小学语文内容的重要组成部分，是由阅读的本质特征决定的。阅读能够让学生更好地进行对文字信息的进行理解和处理，属于一种复杂认知过程，将文字信息结合情感体验从而产生出复杂情感的共鸣效果，阅读还是对文字信息内化吸收并将外部语言转化为内部语言、转化为思维工具和表达工具、形成语言能力的复杂语言活动。

小学语文课本的编辑长期采取选文制度，课本内容皆为古今中外名家名篇，并且取其精心篇章，把一篇篇文质兼美的作品挑选出来，根据教学需要编辑成册。与传统的单篇课文教学常规不同的是新课程下的阅读理解教学注重每单元一主题，同时在单篇文章的教法上面打破程式化，教会班级学生通过反复阅读、不同方式的阅读，形成自己独到的个性心灵感受。

三、互动与引导

通过激发情感参与、关爱、激励，培养自信、用多元化评价的方式实现语文课堂内有效的互动。审视传统的教育规范，在国内生态学教育理念的观照下，积极构建以"班级学生参与备课-教师创设情景-班级学生自主探究-师生质疑问难-共同评析归纳"为基本环节，以促进课堂上学生表现的可持续发展为目标的语文基础教育的新途径、新方法和语文课程教学新模式，把更多的主动权放给学生，教师的角色转向分享、学习者，促进师生对话、生生对话及师生共同与文本对话。

四、练习与反馈

练习、作业、考试是教师常规教学环节中的重要步骤，能及时地传递、反馈出每个学生对知识能力的习得和掌握情况。也是新课改思想中广泛为社会所重视的环节，是衡量班级学生课业负担轻重的重要一环。现在的小学生是国家的可靠接班人和未来建设者，他们素质的高低直接关系到国家的前途和命运，因此布置的课后作业，应该有助于他们以后的学习、生活和工作。传统的小学语文作业体现在听、说、读、写几个层面上，有效的作业设计不是要偏向哪一方面，而是要全面顾及。

第三章 小学语文教学技能

小学语文教学技能是小学语文教师必备的教学基本能力，更是语文教师上好课、教好学生的一种基本授课能力。新课程改革对教师教学基本功和教学能力提出了新的要求，通过对小学语文教师教学技能的相关问题进行探讨，使教师能够掌握小学语文教学技能的科学理念，把握小学语文教学技能训练的基本规律，从而有效解决小学语文教学实践中的问题。本章主要对小学语文教学准备技能、课堂教学技能、课后实践指导技能以及教师的信息素养进行探究。

第一节 小学语文教学准备技能

做好课前教学准备是上好一节课的前提。教学准备是教师研读课程标准，探究文本意义的过程，是与作者、文本、学生进行交流的过程，同时也是教师体现其教学能力的过程。教师在教学准备的过程中，对教材进行深入研究，能够有效地提升其职业道德修养。本节主要对小学语文教材文本研读技能、小学语文编写教案技能、小学语文教学学情分析与预习指导技能进行分析。

一、小学语文教材文本研读技能

对教材的钻研是语文备课的最重要、最基本的环节。想要对教材进行很好的研读，应熟知教学内容，明确教学目标，准确把握教学重难点。

（一）判断教材价值，明确教学目标

小学语文教材通常指语文教科书，即语文课本。小学语文课本是教学内容的主要载体，是实现语文教学目标，发挥语文教育功能的物质基础。因此，小学语文教材在小学语文教学过程中具有重大的意义，对学生的发展具有重要的价值。叶圣陶先生曾经说过："语文教本好比一个锁钥，用这个锁钥可以开发无限的宝藏[①]。"这个比喻形象地说明了语文教材对学生学习的重要性，语文教材作为一把钥匙，能够使学生获取知识、提高语文能力、养成良好的学习习惯以及语文素养。"锁钥"是一种使学生获得终生发展所需的凭借，这种凭借将语文教材的工具性价值和人文性价值充分地表现了出来。

（二）文本细读，挖掘语文教学内容

对文本的细读可以从以下几个方面入手。

1. 从整体上把握教学内容

第一，教师在备课时，应把课文和文章后面的练习融为一体，保证一篇课文的整体性。第二，一直以来，语文教材都是按照单元主题编写的。每一个单元中的若干篇课文通常都围绕相同的主题、相同的教学目标展开。教师在备课时应认真研读"单元说明"，先领会其要义，再去认真研读同一个单元里所有课文，进而使每一个单元都能保持其整体性。第三，在一个学期、一个学年的开始，教师应把整本的教材通读一遍。新课标的目标要求是按学段提出的，语文教材也是按照学段编写的。因此备课教师在钻研教材时，只有对整个学段的教材有整体的认知，才能从整体上把握局部，这就要求一本教材、一个学段的教材要保持整体性。

2. 细读文本，提炼教学内容

教师在整体把握之后要对文本进行认真的细读。首先，教师应逐字逐句地认真阅读文本。语文的阅读教学只有以具体的词语与语句教学为基础，才能达到扎实的语文课堂教学效果。其次，深入思考文本中各方面的问题。教师要对文本的社会背景、主题思想、作者的情感及其思想

---

① 叶圣陶. 叶圣陶语文教育论集（上册）[M]. 北京：教育科学出版社，1980 年.

倾向等有一个准确的把握。想要读透文本，就必须立足于所教文本，静下心来认真地进行研读。教师要多读文本以达到"读书百遍，其意自见"的高度，同时要多读跟文本有关的资料，如文本的写作背景、作者的相关介绍等，并在这个基础上，结合教学目标，提炼出相应的教学内容。细读文本可以运用以下四点策略。

（1）立足诗情，复活感性

诗情指的是一种艺术化的审美情感，情感的抒发是开展语文教学的逻辑前提。教师在制定语文教学目标、提炼教学内容以及实施教学过程的同时，应加强与学生之间的交流以及学生与学生之间审美化的情感联系，使学生的情感信息与语文教学材料等物质形态所包含的情感信息相互作用，形成一定的张力，从而使学生获得一定的感性认识。教师通过设置生动活泼的情境使语文知识、语文思想以及语文学习方法在教学过程中得以充分表现，使语文教学成为一种富有感性的活动，从而引起学生的学习兴趣。教师在授课过程中，要想感动学生，自己首先应受到语文、生活中情境的感染，进而用相应的语言和神态去影响学生，或哀怨，或赞美，或奔放，让自己成为诗情的化身。另外，教师应引导学生建设诗意的班级文化。让浓浓的诗意渗透在教室的每一个角落，让学生一走进课室就能体验到语文的魅力。

（2）立足诗理，感悟人生

"理"也就是所说的规律。在自然中称为"真"，在社会中称为"善"。诗理主要是指用诗意的眼光对社会、自然、自我进行审视、体验、反思进而把握真、善、美的本质。要想使学生感悟到诗理，需通过让学生和作者、文本乃至自我进行对话，实现情感上的交流。学生在对话过程中能够学习生活知识，感悟生活道理以及生命的意义。叶圣陶先生认为"语文的外延就是生活"。语文教学的价值在于引导人们走向崇高的精神世界，因此语文教学担负着引领学生感悟诗理的任务。教师在教学过程中应引导学生做到对话文本，心与境谐，让学生想象自己身处于文本中的情境之中；对话生活，触类旁通，学生可以把自己想象成作品中的人或事物，联系自己的生活进行感悟；对话自我，圆融互摄，学生结合教材内容，进行自我反思。

（3）践履诗行，审美体悟

诗行是指学生在语文的言语实践以及日常生活中，按照主体化、生活化、审美化的原则，追寻诗意的过程。诗意是一种意象化语言的体现，意象是感觉和情思的具体化。意象语言具有直觉性、表现性、超越性，还具有隐蔽的意义，注重意会，讲究神韵，即侧重感受和体验。因此，语文教学必须致力于语言的品位、意蕴的感悟，教师指导学生在实践的体验中习得丰富的语言，进而把课堂学到的诗意法则和学生的生活联系起来，就能够帮助学生总结人生经验、强化生活感受、梳理个人思想，做到诗意的栖居。教师在教学过程中，可让学生对生活中的事物或事件进行诗意的命名，在课堂内外的语文作业中为学生提供诗意的空间，布置作业时有意识地开展积累诗语训练，培养学生的语言表达能力。学校可通过开展活动，强化学生诗意法则的实际运用，这些活动可以是校内与校外的诗意的擂台赛、班级诗栏等，还可以是各学科融合的综合性学习和各种社会实践活动。

（4）立足诗语，彰显个性

诗语不同于日常生活中运用的现代汉语，它是具有丰富内涵的、个性化的、典雅的现代汉语。汉语是诗意化的语言，语文教师应让学生受到诗意语言的熏陶，感受汉语的魅力。因此语文教学独特的任务就是保持并强化汉语的典雅性，使学生通过汉语的学习，提升自己的修养。从汉语的典雅性角度去审视教材，实施教学活动，使语文教学成为一种富有神韵且能张扬学生个性的活动。语文教学中诗语的运用主要体现在这三个方面：第一，教师能够通过语境，将日常的现代汉语转换为典雅汉语，如把散文化的语言材料变成诗化的材料。第二，在"口头的言语实践"中使汉语典雅化，即根据语言的特点把课文的短句变长，或长句变短，甚至增加或减少句子成分。第三，在"左联右引"中诗化，即学生联系文本内部之间以及不同文本之间的关系，联系文本与生活之间的关系，将语言诗化，进而深化对文章内涵的理解。语文教师是典雅汉语的代言人，因此，教师的言行都应成为学生学习的典范。"教师用典雅的言说进行教学导引，学生自然容易融通课文的社会语境、话语语境，更容易使自我的言说变得典雅而富有个性，这样就焕发汉语的诗意魅力、语文教学的诗意魅力[①]。"

3. 合理使用"教师用书"

"教师用书"是教师备课的参考资料，具有个性和地方性的特点，因此，教师在备课时，应根据实际的教学情形，备出适合自己也适合学生的课。

（三）旁征博引，充分利用课程资源

语文课程资源是指形成语文课程的要素来源和实施条件，包括课堂教学资源和课外学习资源。通过对语文课程资源有效地开发和利用，使语文课程与学生的生活紧密联系起来，有效地激发学生学习语文的兴趣，使语文教师成为语文课程的真正主人。对小学语文课程资源的开发利用主要包括以下两方面：

1. 小学语文课堂教学资源的开发利用

（1）教科书、教具等课程内容资源的开发利用

教科书是课堂教学中重要的资源，教师应充分利用教科书为学生创设出理解、表达、交流的空间。例如，用课文中的思想观念、情感意识去感染学生，用课文中的导学系统指导学生形成良好的学习方法，充分考虑教科书中的课题、插图等教学资源。另外，有利于课堂教学展开的背景资料或者组织相关的综合性学习，同样能够为学生带来良好的学习空间。

（2）多媒体等信息化课程资源的开发利用

信息化课程资源对于开发利用小学语文课堂教学资源起着重要的作

---

① 冯铁山. 诗意语文的基本内涵与实施策略［J］. 教育理论与实践，2012 年（5）：43—45.

用。信息化课程资源主要是指以网络、多媒体为载体的语文课堂教学资源。许多小学语文教师根据教学的需要制作课件，充分利用文本、图画、声音、动画使教学活动生动地展开。网络资源本身就是一个巨大的课程资源库，它使教室成为一个开放的、具有互动性的教育教学空间。

（3）师生互动生成课堂教学资源的开发利用

教师的教学过程正是对语文课程资源努力挖掘的过程，教师应考虑学生的需要以实现资源的优化整合，进而提高语文课堂教学效率。因此，教师是重要的且充满生命力的教学资源。学生作为教学的对象，同样也是课程资源开发的主人。学生应根据课文内容学会搜集、处理相关信息材料，并把课前获得的信息运用到课堂教学中，这样学生才会以一种积极主动的态度进入课堂，课堂效率也会大大提高。

所以，师生这一动态性的小学语文课程资源与其他物化的静态课程资源相结合，能够转化成一种充满灵性智慧的重要的课堂教学资源。

2. 小学语文课外学习资源的开发利用

（1）图书馆、广告栏等课外阅读学习资源的开发利用

叶圣陶先生说过："天地阅览室，万物皆书卷"，表明语文学习资源的获得具有广阔的空间。学生可以通过阅读报纸、杂志，去图书馆阅读图书，浏览布告栏、标牌广告上的文字等方式加强情感体验，使语文教学和时代社会生活紧密地联系起来。通过对网络有益资源的阅读，培养学生的阅读兴趣，提升其搜集处理信息的能力。

（2）参观、游览等实践活动资源的开发利用

《义务教育语文课程标准（实验版修订稿）》指出教学应"沟通课堂内外，充分利用学校、家庭和社区等教学资源，开展综合性学习活动，拓宽学生的学习空间，增加学生语文学习的实践机会。"如组织学生参加社区文化场所举办的一系列文体活动，在活动中发掘语文课程资源；组织学生围绕一定的主题进行调查、访问活动；组织学生参加社会实践活动，体验生活，使学生在生活中获取灵感等。

二、小学语文编写教案技能

（一）小学语文方案的编写

1．教案的含义及内容

教案即教学方案，又称课题或者课时计划，是教师备课活动的总结，是备课的进一步深化，是书面化的课堂教学计划。

教案的内容通常包括以下几方面。

①授课题目：本节课的题目。

②授课时间：按教学进度规定的教学时数。

③课型：新授课、复习课、讲评课等。

④教学目标：教师根据课标和考纲要求，结合教材内容以及学生实际情况来确定一节课的教学目标。教学目标应包括三方面内容，一是基础知识和技能应达到的程度；二是有关学生学习能力方面培养的过程方法；三是学生思想情感价值观的培养。

⑤教学重点和难点：根据课标和考纲要求，以及具体的教学内容、学情分析，确定一节课的重点和难点。

⑥学情分析：根据学生认知水平，分析学生的知识与技能掌握情况。根据学生心理发展情况，分析学生情感、态度与价值观等方面需要的情况。

⑦教学方法：教师授课采用的方法与手段。

⑧教学过程：教学过程是教案的主体部分，是教师开展教学活动的具体步骤，是教师教学设计的体现，也是教师教学思想的展示过程，包括教学步骤与环节、每一个环节的教学内容、教学方式与方法，以及时间的分配等。教师在写教学过程时，通常要写出整个教学过程的总体结构；写出教学内容展开的逻辑顺序、主要环节及过渡的形式；写出教学重、难点的突破方法以及所采用的教学手段、教学方法等。

⑨板书设计：教案中要单列出板书设计，其内容是纲领性的，因此

要直观精练，易归纳小结，起到一种引导性的作用。

⑩课后反思：新的课程标准要求教师不仅是课堂的实施者，更是反思的实践者。对每一堂课进行反思有利于教师的快速成长。

2. 教案编写的原则

课堂效益如何，在很大程度上取决于教案准备的质量。教师在编写教案时要注意以下几点。

①符合科学性。以教材内容为准，广泛查阅资料。

②立足人文性。教案要坚持"为学生的学习而设计"的原则，因此，教案应满足学生的学习需求，力求科学合理。

③加强创新性。教案的编写要做到构思巧妙，彰显教师的教学个性。教师应根据本班具体情况以及教材内容，写出最适合自己的教学方案。

④强调可操作性。教案应做到以简驭繁，教师在编写教案时应考虑其可操作性。

⑤做到灵活变化。教师在设计教案时要做到灵活运用教学方式，体现出独特性，有活力的教案会引导教师组织出有活力的课堂，尤其是老教师，应做到大胆创新，编制出灵的教案形式。

（二）小学语文教案编写的基本模式

教案的表现形式可以灵活多样，但是教案有自己通用的模式。

在实际的教案编写中，教师应根据具体的情况决定教案的详略。一般而言，新教师的教案通常编写得更详备，尤其是教学过程部分编写得更为细密。它要求教师把课堂上所说的每一句话、每一个问题，实施的每一教学行为，运用的每一教学方法等，都按时间顺序在教案中有所体现，并且应预设出学生对问题的回答情况，这样能够增强课堂教学的预见性和针对性。青年教师更应该注重课堂的生成性，不断提高自己的应变能力，部分教案可以打成腹稿，在编写教案时会有更加灵活的形式。

（三）微格教案设计技能

微格教案是针对微格教学而言的。微格教学也称微观教学、小型教学，是以教育学、心理学理论为基础，运用现代教育技术，训练学员掌握某种技能、技巧的一种小规模教学活动。1963 年，爱伦教授首先提出"微格教学"，并将其定义为"一个有控制的实习系统，以集中解决某一特定的教学行为技能为目的，对教师教学技能进行系统训练的方法，或在有控制的条件下进行学习[①]"。因而，微格教案就是微格教学时的教学方案。

微格教案的内容与一般教案有所不同。按照一般微格教案的要求，微格教学的教案设计主要包括：教学内容、培养技能、教学设计（包括教学目的、教学重难点、教学时间分配、教学过程）。教学过程中应详细写出"教师行为"以及预设的"学生行为"，并注明每个环节的时间分配，以严格控制教学过程中的每一个环节的时间安排。

三、小学语文教学学情分析与预习指导技能

（一）学情分析技能

1. 学情分析的含义

学情分析通常包括两方面的内容，一方面是"学前学情"，即在上课前教师对学生知识掌握情况的把握，包括学生的整体情况和个性差异、知识水平和能力状况、语文学习的习惯和兴趣等。另一方面是"学时学情"，即在课堂上教师对每一位学生听课状态的观察以及"推进学习"。这样，教师就能对学生的学习状况有一个清楚的认识从而及时改进教学。

2. 学情分析的意义

在语文教学中做好学情分析具有重要的意义，教师通过对学情进行

---

① 孙朝云，霸桂芳. 基于微格教学的教师素质培养模式探析［J］. 衡永学院学报，2001（3）：121－122，125.

分析可以使教学过程更具有针对性，可以选择合适的教学内容和教学方式，有效地利用课堂教学时间，建立和谐的师生关系。因此，进行学情分析能够有效促进教学质量的提升。

3. 进行学情分析的方法

①提高学生的读写能力是小学语文教学的重要目标，通过分析学生的作业和试卷能直观了解到语文教学目标的实现程度。除此之外，教师应根据文本的难度，对学生的阅读能力进行分析，还应根据学生的语言表达能力和对情境的感知能力，对学生写作功底有一个准确的把握。

②在课堂观察学生。教师通过观察学生在课堂上对问题的思考、回答情况，对问题讨论的广度和深度，听课时的神情、动作以及学生做笔记的习惯等，及时了解学生的知识、能力水平以及语文学习习惯和兴趣。

③向其他教师进行了解。如向以前任教的语文教师或向班主任或者其他学科教师了解学生的情况。

④直接通过与学生交谈对其学习情况进行了解。

⑤根据自己以往的教学经验，设置相关问题，进行问卷调查，对学生的学习需求进行了解。

（二）预习指导技能

做好预习指导通常要做到以下三点。

1. 提出预习要求

教师应具体结合课标、教材及学生学情、心理发展水平的差异，有目的、有计划地提出不同的具体要求。如针对低年级的学生，要求重点预习生字词的认读，流利地读课文；而针对高年级的学生则要求其在读顺课文的基础上，把握文章的结构，体会作者的思想感情。

2. 传授预习的方法

想要学生做好课前预习，教师需要在预习方法上对学生进行指导。对于低年级的学生，主要把预习放在课堂上，对学生进行有针对性的指导，如教给学生查字典的方法，教给学生写字的方法，教给学生做记号的方法等。而对于高年级的学生来说，已经具备了自主学习的能力，学生的预习能力增强，因此可把预习放在课前课外进行。例如，让学生在认读生字词的基础上画出好词佳句，标出不理解的地方，抓住课文大意，体会文中的感情等。

3. 检查、深化预习

检查的形式分为口头的和书面的，通常围绕学生的质疑问题和讲解新课中的课堂提问来进行。对低年级学生进行检查，可以当场让学生用工具书查阅字词，让学生读语段，并用特殊符号标注文段重点词句等。对高年级学生进行检查，读课文仍是重点，教师可以通过提问，了解学生的理解情况；通过检查学生的课本、预习笔记本，了解学生动手情况；通过让学生提出疑难问题、进行讨论，了解学生的思维能力等。总之，检查预习要结合学生的实际情况，通过"真检查"，促使学生"真预习"，进而提升学生的自主学习能力。

第二节　小学语文课堂教学技能

语文课堂活动是由多因素、多层次构成的师生双边活动的动态系统。只有教师具备多方面的课堂教学技能，才能有效地增强语文教学成果。小学语文课堂教学技能是小学语文教师素质的集中体现，是小学语文课堂教学质量的有效保障。因此，小学语文教师掌握一定的教学技能可以帮助其有效开展教育教学活动，向学生传授语文基础知识，提升其语文素养。本节主要对小学语文课堂教学的语言表达技能、课堂教学组织技能以及演示、练习、检测技能进行介绍。

一、小学语文课堂教学语言表达技能

（一）导入技能

导入是指在课堂的起始阶段，教师围绕教学内容精心设计一定的方法，集中学生注意力，引起学生对本节课的学习兴趣，并明确学习重点的教学活动。导入是小学语文课堂教学中重要的环节。恰当的导入设计可以快速将学生带入课堂的氛围，调动学生参与课堂的积极性，为整堂课的顺利开展奠定坚实的基础。

一般来说，小学语文课堂教学的导入设计要紧扣教学目标和要求，引导学生抓住学习重点，激发学生的学习兴趣，培养其自主学习的能力。教师要根据不同的教学内容，灵活变化导入方式。另外，导入是课堂的序曲，要力求简明扼要，短小精悍，应控制在 3～5 分钟，以便教学重点充分展开。

导入新课没有固定不变的模式，可以朗读、正音、辨字、复述，也可以解题释义、回顾旧知、交代背景、介绍作者。教师应根据学生的实际情况及具体教学内容，采用适当的方法。小学语文教学中常见的导入方法主要有以下几类。

1. 设置悬念法

设置悬念法是指在教学导入时设置带有悬念性的问题以集中学生注意力，引起学生的兴趣，使他们为寻求答案进行积极思考的导入方法，这种方法能够有效地启迪学生思维。

2. 故事讲授法

故事讲授法是指教师通过讲述与新课有关的哲理性故事、寓言、传说等，帮助学生展开想象、丰富联想，进而引出新课的导入方法。这种方法从讲故事入手过渡到教学内容，能够有效激发学生的学习兴趣。

3. 新旧联系法

新旧联系法是指教师从对旧知识的回顾入手引出新知识的导入方法。运用这种导入方法要注意找到新旧知识之间的关联性，使旧知识成为学习新知识的基础，做到"温故而知新"。教师采用新旧联系法导入新课，能够帮助学生系统地进行学习。

4. 情境创设法

情境创设法是指教师通过语言描述、音乐、图片、录像等手段创设生动的教学情境，调动学生的学习积极性、陶冶学生性情的导入方法。教师通过创设与教学内容相关的情境，引导学生进入学习的氛围中，学生在教师的引导下进行轻松愉快的学习。

5. 谜语诗词法

谜语诗词法是指教师根据课文内容引用相关的诗词，巧设谜语进而引出新课的导入方法。这种方法可以丰富教学内容，增强语文教学的知识性与趣味性，拓展学生思维，并有效活跃课堂气氛，往往能够达到事半功倍的效果。

6. 解题释义法

解题释义法是指教师通过对题目的分析，探究课文内容和中心的导入方法。题目是文章的眼睛，这种方法能够抓住课题的疑问处，有效地点明文章的要旨。教师可以挖掘题目中蕴含的"有机成分"，在导入中巧妙地设置悬念，引起学生的好奇心和求知欲。

另外，导入新课的语言形式也是多种多样的，如有讲故事的形式、散文的形式、戏剧的形式等，教师可以加上相关的动作、手势，使教师的有声语言情趣盎然。总之，导入的选择可以灵活多变。

（二）讲解技能

讲解技能是指教师利用口头语言及教学媒体，通过描写、解释、说明等方式来传授知识、消除疑难的教学行为，是教学活动中最重要的课堂教学技能。

高质量的讲解对教学效果有着多方面的作用，能充分发挥教师的主导作用，有效地、系统地传授知识，使深奥、抽象的知识变得具体形象，能够提高学生的学习效率，还能拓展学生思路，开发学生的智能，激发学生情感，培养学生的情操，对其产生潜移默化的影响。

讲解通常是单向传输信息，即教师讲学生听。这种方式容易导致学生处于被动地位，并影响其智力的发展，因此讲解要注意启发学生，激发学生的学习兴趣，引导学生积极思考，避免"注入式"教学。讲解的目的是使学生更好更快地接受知识，因此讲解时要考虑到学生的知识水平以及理解能力，讲解的内容应符合学生年龄特点、知识水平等，力求生动有趣、深入浅出。为达到更好的教学效果，教学讲解可以与其他教学方法结合使用，如可以在讲解时提出启发性问题，激发学生探究意识；在讲解时配合讨论法，培养学生交流合作观念；在讲解时配合朗读、表演等方法，增强教学内容的形象感、趣味化。

课堂教学应根据具体内容、学生的学情等实际情况采用适当的讲解方法。语文课堂讲解技能具体可分为以下几种类型。

1. 叙述性讲解

叙述性讲解技能是指教师用简洁的语言对学习内容进行简明扼要的介绍。在叙述过程中，要做到条理分明，内容清晰。叙述性讲解多用于导入新课、介绍背景知识、复述课文内容、补充相关事实等教学环节。

2. 描述性讲解

描述性讲解是指教师在讲解中通过形象可感的语言，把客观事物的外部形象生动形象地描述出来。在诗歌学习中，教师可以描述诗歌内容的画面，展现诗歌的意境，使学生受到感染，便于其对诗歌的理解。

3. 抒情性讲解

抒情性讲解是指教师声情并茂地对文章蕴涵的情感进行分析，进而感染学生，激发学生内心的情感，让其获得美好的情感体验。

4. 说明性讲解

说明性讲解是指教师采用简明严谨的语言对人物或客观事物的性质、特点、成因、功能、意义等进行解说，让学生对事物有明白、完整的了解和认识。教师在说明时可采用多种说明方法，如比喻、比较、数字、图表等，以帮助和强化学生理解教学内容。

（三）过渡技能

过渡技能是指教师在语文课堂教学的讲授过程中，连接不同问题或不同教学内容之间采用承上启下的教学活动方式。主要包括两个方面的内容：一是不同教学内容之间的过渡；二是不同讲课方式之间的过渡。

适当的过渡能够有效引起学生注意，激发学生学习兴趣，调动其学习的主动性与积极性，能够让学生明确教师的教学思路以及教学逻辑，或体会教师知识转换的路径与方法。

一堂语文课的教学内容是一个由若干部分组成的整体，教师通过抓住每部分之间的逻辑关系，运用富于变化的语句使各部分之间自然衔接。教师的过渡性话语除了起到连接作用外，还应做到富有启发性，从而引起学生的思考，为下面的学习打下良好的基础。另外，过渡方法并不是一成不变的，不同类型的课、不同教学内容的课、不同教学对象的课应根据具体情况选取有效的过渡方法。

小学语文教学中主要的过渡方法有以下几类。

1. 自然过渡

自然过渡是指一个问题结束自然进入下一个问题的讲授方式，是主要利用知识本身的内在逻辑关系进行的一种过渡，这种过渡简单易行，是小学语文课堂教学中常用的过渡方法。

2. 提问过渡

提问过渡是指教师通过提问学生问题，从一部分内容过渡到另一部分内容。这种过渡以学生已接受的知识为基础，激发其对新问题的兴趣，同时为展开新的研究和解决新问题提供了保证。

3. 小结过渡

小结过渡是指教师在一部分教学内容结束后进行概括式的总结，并引出新的问题，使学生积极进入下一部分内容的学习。

除了以上介绍外，还有其他许多过渡的方法，如转折过渡法、比喻过渡法、故事过渡法等。教师可以根据不同的教学内容，采用适当的过渡方法。

（四）结束技能

良好的开端是课堂教学成功的一半，完美的结局则使课堂教学耐人寻味。写文章有"凤头、猪肚、豹尾"的说法,语文教学也应做到善始善终,首尾呼应。好的结课方式不仅可以帮助学生巩固当堂课的内容,理清学习思路,而且能够延伸拓展课堂教学内容,使学生保持浓厚的学习兴趣,延伸到课外的学习中。

课堂教学小结是对一堂课内容进行概括性总结,因此应做到紧扣文本,突出重点,言简意赅。另外,教师要根据教学内容的特点和学生学习的实际情况,采用生动有趣的形式进行收尾。

结课有一定的方法,但并不是固定的。在小学语文教学中常用的结课方式主要有以下几种。

1. 归纳式结课

归纳式结课是在课堂教学结束时,教师用准确简练的语言对本节课的知识进行梳理和概括,从而结束课堂教学的一种方式。它是最常用的语文结课方式,能够对所学知识起到强化和深化的作用。

2. 拓展式结课

拓展式结课是指教学结束时,教师因势利导将课内学习延伸到课外及其他学科的学习,将书本知识拓展到社会实践活动的教学方式。需要注意的是,教师应考虑学生课外资源的利用程度。

3. 悬念式结课

悬念式结课是指设置悬念,进而引发学生积极思考的课堂教学结束方式。这种方法能激发学生的学习兴趣和继续思考的热情,需要注意的是,设置的悬念要具有启发性,给学生留下思考的空间,激起学生的求知欲。

除此之外,还有训练式结课、活动式结课等其他形式。

二、小学语文课堂教学组织技能

(一)情境创设

语文教学情境的创设,是指在教学过程中创设与教学内容相关联的具体场景或氛围，进而激发学生学习的兴趣，引导学生进行情感体验，促进其心理机能全面和谐地发展，它是提高教学效率的一种教学行为方式。

创设教学情境是为了使学生更好地进入课堂教学活动，提高其学习效率，因此，情境的创设应具有针对性，符合教学目标，克服随意性和盲目性。教师要善于从生活中捕捉生动形象的事例，创设贴近学生生活的教学情境，使学生在学习中产生共鸣，进而使学生产生熟悉感、亲切感，有效地促进学习。

情境创设要以教材基本思路为基础，针对不同教学对象、教学内容选择恰当的形式，如对于低、中年级的学生，可以通过讲故事、做游戏、表演等形式创设情境；而对于高年级学生，则要侧重创设有助于学生自主学习、合作交流的问题情境，让学生感受到语文学习的魅力。

创设语文教学情境的方法多种多样，在小学语文课堂教学中常用的方法主要有言语描绘、直观展示、音乐渲染。

1. 言语描绘

言语描绘是指教师在课堂上通过语言描绘创设情境的教学方式。教师运用带有情感的语言，营造出与教学内容相关的氛围，让文本中的人物或事件得以生动形象地体现，便于学生的理解。教师运用形象化的言语对文本进行描绘时，常伴以手势、动作，从而激发学生的想象，使学生身临其境，达到言有尽而意无穷的效果。

2. 直观展示

对于低年级的学生来说，需要在课堂上运用直观的方式进行展示。直观展示主要有两种形式：一是借助现代教育技术实现情境的直观性；二是通过实物及教学活动来营造情境。直观展示情境，能够较好地营造课堂气氛，开阔学生视野，调动学生学习的积极性。

3. 音乐渲染

音乐的语言能够快速激发学生的情感，教师可通过选用恰当的音乐服务于文本的学习，在课堂内营造出特定的情境氛围，拓展学生联想和想象的空间。

（二）提问

课堂提问是指教师在教学过程中，针对特定的教学内容设置一系列问题，使学生积极思考，进而提高教学质量的一种教学方式。教师通过向学生提出问题，能够有效地集中学生学习的注意力，引发学生思考，了解学生的学习状态。课堂提问方法主要有以下几种类型。

1. 直问与曲问

直问是指教师针对教学内容进行开门见山的提问，学生对问题的思考是直线式的，能够直接说出答案。直问是主要的课堂提问方式。曲问则是指教师不直接提问，而是设置其他相关联的问题，引导学生逐步解决特定问题。

2. 正问与反问

正问是教师针对教学内容从正面提出问题；反问则是教师从反面提出假设，让学生通过思考，自己得出结论。反问能够有效地促使学生进行深入思考，训练学生的逆向思维能力。正问与反问从问题不同的角度出发，加深学生对知识的理解，能培养学生思考的全面性，这两种提问方式应结合使用。

3. 追问与连问

追问是指教师针对某个问题，在一问之后再次提问，进而使学生对学习内容有循序渐进的理解；连问是指把几个问题按照一定的逻辑关系结合起来，连续向学生进行提问。

4. 快问与慢问

快问是指教师进行快速提问，学生抢答，锻炼学生思维的敏捷性和灵活性，这种提问适合简单的内容；慢问则是指教师提出问题后给学生以充分的时间进行周密思考，组织答案，对问题做出圆满的回答。这种提问能够有效训练学生思维的深刻性和批判性，适合较难的内容。

（三）教学评价

语文课堂教学评价是课堂教学的重要组成部分，主要是指教师对学生的学习行为及情感态度、思维状况、学习方法及成果等方面进行评价。科学、合理的课堂教学评价能够有效激发学生的学习兴趣，指引其学习方向，提升其学习能力，并有利于学生养成良好的学习习惯。

不同于传统的语文教学评价，《义务教育语文课程标准（实验版修订稿）》中的"评价建议"部分对评价的目的、内容、方式及评价主体等方面都做出了新的引领与要求。强调要从知识与技能、过程与方法、情感态度价值观等几方面进行评价，有效地检验和改进学生的语文学习和教师的教学水平，进而促进学生的发展，提升学生的语文素养。另外，在方式方法和评价主体上也力求做到多样化、多元化。

教学评价方式根据不同的角度和分类标准可以进行不同的划分。按照评价功能可以分为诊断性评价、形成性评价、总结性评价；按照不同的主体可以分为他评和自评，他评又可以分为教师评、学生评和家长评；按照评价采用的方法可以分为书面测试、访谈记录、问卷调查、表现型测试等。

教师应针对学生的回答及时做出评价，科学合理的评价能够激发学生的兴趣，提升学生学习的自信心，同时强化学生对知识的理解，有利于促进学生成长和发展。

（四）课堂调控

小学语文课堂教学是一个动态过程，教师面对的是一群知识结构、智力水平、学习兴趣、实践能力等各方面都存在差异的学生，因此小学语文课堂具有复杂性与变化性。课堂教学中出现的一些突发情况，实际上是对语文教师课堂调控能力的考验。因此课堂调控能力主要是指教师通过一定的手段和方式对课堂上的意外情况进行调节、控制的教学行为方式。一些具有较强课堂调控能力的教师善于调节气氛、控制局面，使教学的流程以及内容富于变化、思维状态张弛有度，使教学过程生动活泼、富有成效。

三、演示、练习、检测技能

（一）演示技能

演示技能是指教师授课时用实物、图片、录音、录像等辅助手段使学生对学习内容进行充分感知的一种教学技能。由于小学生形象思维强于抽象思维，所以通过直观的演示能够帮助学生感知学习对象。教师通过演示技能，向学生展示一些课外的学习资料，往往能够激发学生的学习兴趣，集中学生注意力，使其既有经验和感性认识得到极大的丰富。

随着科学技术的进步与发展，演示手段和种类不断丰富。根据演示材料的不同，可分为实物、标本、模型的演示，图片、照片、图画、图表的演示，幻灯、录像、录音、教学电影的演示等。在小学语文课堂教学中常用到的演示方式主要有以下几种。

1．表演演示

表演演示是指借助有效的表演形式，使学生获得直观的体验，通过形象生动的动作神态，对学习内容的含义进行理解，如学习盯、仰等内容时，可借助手势、动作、表情等来表演演示。

2．电教演示

电教演示是指教师使用多媒体帮助学生理解教学内容的教学技能。通过多媒体可以将教学内容直观地呈现在学生眼前，变静态为动态，化抽象为形象，使学生对所学内容准确生动地进行理解。

3．实验演示

实验演示是指在教学中教师通过实验的方法来帮助学生对课文内容进行理解的教学技能。

（二）练习与检测技能

练习与检测是教学过程中非常重要的环节，主要是指学生在教师的引导和督促下，利用刚刚学到的知识进行练习和检测的教学行为。练习与检测技能的运用可以使学生对课堂知识的学习有更深入的理解，使学生能够灵活运用知识，同时便于教师对教学效果以及学生的学习质量有一个清楚的认识，及时改进教学方法。

教师应有计划、有系统地开展练习与检测过程，难易要适度，既能反映出学生的真实水平，又能让学生树立起信心。另外也要确保练习与检测的形式多样化。

教师可以根据班级学生的差异，设计适合不同层次水平的学生的练习供学生自主选择。另外，可以适当布置一些调查、访问、观察、实验等活动性练习。

第三节　小学语文课后实践指导技能

小学语文教师仅仅具备教学准备技能和课堂教学技能是远远不够的，还应具备课后实践指导技能。课后实践指导包括课后的复习指导、课外实践活动的指导、课外作业的设计与指导等，本节主要对小学语文复习指导技能和课外实践指导技能进行分析。

一、小学语文复习指导技能

小学语文复习主要包括平时复习、阶段复习和总复习，而小学语文复习指导主要是指平时课内的复习指导、复习课上的复习指导、课外的复习指导等。学生通过复习，能够将学过的知识进行回顾、整理、归纳、总结，能够对知识理解得更加深入，并达到查漏补缺、灵活运用的目的。由此可见，教师组织复习的目的更主要的是帮助学生对学过的语文知识和技能加以巩固，开发学生的智力，提升学生的能力。小学语文复习是提高小学生语文学习能力的重要手段，小学语文复习指导技能是小学语文教师在教学过程中一项必备的技能。有效地组织学生复习，也是对教师研究和掌握语文知识技能结构的检验与反思。提升语文教师的复习指导技能可以从以下四个方面努力。

（一）树立小学语文复习的新理念

学生是学习的主体，语文课程致力于培养学生的语言文字运用能力，提升学生的综合素养。因此，小学语文复习应树立以学生为主体，以提升学生学习能力为目标的科学理念。教师应认识到复习应在已有知识的基础上进行更加深入的学习，并拓展其学习范围，进而提升和完成知识的发展和转化。复习是归纳与总结，也是思考与运用。复习的过程，是对知识进行整合与延伸的过程，是能力的提升过程。在复习过程中，教师应对学生学习进行引导，让学生积极、主动地全程参与知识的探究过程，帮助学生将已有的知识进行归纳与梳理，让学生的思维得以深化，能力得以提高。

语文课程目标根据知识与能力、过程与方法、情感态度与价值观三个维度设计，在复习中要综合运用各种形式和方法，丰富学生的情感，培养学生积极的学习态度，帮助学生树立正确的价值观。

（二）明确小学语文复习的要求

为提高小学语文复习的效率，提升复习的质量，教师在指导学生复习时应满足以下要求。

1. 概括

复习要在短时间内复习大量的内容，要求教师在指导复习时要抓关键、抓重点、抓要点，对学过的知识进行概括和提炼。对于教学过程中的重点、难点、热点等内容要重点突破，加大训练力度。

2. 系统

在复习阶段，教师要充分运用分析、综合、概括、归纳等手段，帮助学生构建知识整体的结构框架，要坚持由点入手，串点成线，连线成面，合面成体，梳理知识点之间的关系，使学生形成系统、完整的知识体系。

3. 发展

复习的过程就是巩固已学知识进而提升能力的过程。小学语文复习不仅要注意发展学生的语文能力，培养学生良好的学习态度，还要注意开发学生的智力；不仅要充分发展学生的记忆力，还要使学生的注意力、想象力和思维力等得到提高，进而使学生语文素养得到全面提升。

4. 新颖

教师在帮助学生全面巩固原有知识的基础上，应对原有知识进行查漏补缺，进行拓展、深化。在复习课上要注意采用新的方式方法，使复习课有"新"味，有"新"意，激发学生的学习兴趣，充分调动其学习的积极性，在复习过程中起到事半功倍的效果。

5. 适度

在复习阶段，无论教师讲解还是学生练习，都要坚持适度的原则。复习应让学生成为学习的主体，可以让学生根据自己对知识的掌握程度，自主选择复习的内容和形式，总结复习的方法，并确定课外复习计划，教师在这个过程中对学生进行适当的引导和点拨。练习是复习中重要的环节，但练习不能过多或盲目，而要做到精练、巧练。教师应精心选择典型的习题，让学生进行适时、适度的练习。

（三）指导小学语文复习的方法

学生是复习的主体，"授人以鱼，不如授人以渔"，复习方法在复习过程中尤为重要。小学语文复习常用的方法主要有以下几种。

1. 分类复习法

分类就是对语文知识和能力按照不同的类别进行归类。一本教材学完，教师应指导学生进行系统的归类、整理、综合，从整体上对教材进行把握。在期末复习时，学生可以在教师的引导下把教材中的基础知识按照拼音、字、词、句等不同的内容进行分类，并对教材中的练习题进行分类整理，将作文训练的不同内容等也分门别类地列出来。这样，能够使学生从整体上对全册教材的内容进行把握，做到查漏补缺。以阅读为例，按照文章的文体可以分为写景状物文章专题、写人记事文章专题、科学小品专题等；按照阅读设题形式，复习时可以分为词语理解专题、感知内容专题和文本解读专题等，并对一些方法技巧进行总结。

2. 列要点复习法

抓住重点，列出提纲，纲举目张，是读书的好方法，同时也适用于语文复习，运用这种方法可以提升学生的概括能力。例如句子的复习，按照句子的语气来分，可以分为陈述句、疑问句、祈使句和感叹句；按照句子的修辞手法的运用，可以分为比喻、拟人、夸张、排比、反问、设问等，每一种修辞手法又可以概括出其要点。再如说明文的复习，可以从说明文的定义、说明文的特点、说明文的说明顺序、常用说明方法等方面总结出要点。而在作文复习中，掌握审题的方法是重点，可以教给学生"审题三字经"：要作文，先审题；明范围，知题意；扣题眼，重点记；知数量，不离题；明人称，好下笔；附加语，须重视；写真情，出新意。这样既便于学生记忆，又能在作文写作中发挥实效。

3. 作比较复习法

作比较主要是寻找事物之间的区别和联系，从中发现新的规律。语文复习运用这种方法可以使学生在知识点的比较中强化记忆、加深理解。例如，复习修辞手法时，思考设问和反问有何区别，比喻和拟人有何不同等，就可以通过作比较的方法来进行区分。

4. 纠错复习法

纠错复习法是指教师在组织复习时，针对学生出现的一些错误，引导其进行更正，进而帮助学生巩固知识、发展能力的一种复习方式。学生可以准备一本"错题集"，针对自己的学习情况，按照不同的习题类别，及时整理错题，并时常温习巩固。

5. 应用复习法

通过应用进行复习，既可以使学生对所学知识进行巩固，又具有检测的功能。例如复习古诗词时，可以创设情境：中秋佳节，月上中天，清冷的光辉洒向大地。此时此刻，如果你在外地，你会用古人的哪句诗来进行抒怀呢？另外，常见的看拼音写词语、找同义词与反义词、组词造句、根据句子的意思写成语等题型，都是应用复习法的具体表现。

6. 积累背诵法

根据新课标的要求，语文课程应注重学生的语言积累。小学语文复习要多记多背，语言材料的积累是指导学生复习的重点。学生可以对字词、古诗文、名言警句、精彩句段、名著阅读、语文常识等进行总结。除此之外，教师还应鼓励学生主动观察生活，从生活实践中积累语言材料。不少教师让学生准备一个积累本，把积累、背诵的内容按日期写到积累本上，并与同学进行交流与分享，这种方法能够很好地帮助学生巩固基础知识、积累素材。

7. 画图表复习法

小学语文复习时，可以将语文知识用画图表的方法进行总结记忆，例如在文学常识的复习中，可以将姓名、时代、代表作、出处、评价等内容列出表格，这样既简洁明了，又方便记忆。

（四）灵活运用多种复习形式

复习不仅要指导学生掌握知识、巩固知识，还要解决新授课未完成的一些问题。要让学生在复习过程中感受到与新授课不同的魅力，在小学语文复习中就必须综合利用多种复习的形式。除了传统的讲解法、测试法、练习法外，教师还可以灵活运用以下几种复习形式。

1. 游戏式

根据语文学科性质、学生的年龄特征以及心理发展特点等方面的因素，教师可以运用有趣的画面创设生动的情境，设计一些精彩的小游戏来帮助学生复习。例如可以创设"拼音王国大探险""汉字迷宫""你说我猜"等游戏情境，将复习的内容寓于其中，让学生们在有趣的游戏中快乐地复习，在轻松之中对知识进行深化。

2. 竞赛式

一般情况下，小学生具有较强的好胜心与竞争意识。因此营造一种竞赛的氛围，能够有效地激发学生的参与热情，提高复习效果。在小学语文复习中，教师可以通过设置成语竞赛、速记默词竞赛、名言警句默写竞赛、仿句竞赛等形式，让学生积极主动地去学习探究，培养其学习的兴趣。

3. 小组合作式

合作复习主要是指以小组为单位，相互协作进行查漏补缺的复习形式。合作复习的内容可以是单元课文回顾、单元课本延伸、阅读复习、句子练习、词语积累等。在合作复习时，组内选举一名小组长进行组织，组员进行不同的分工，互相出检测题进行验收。例如在词语的复习上，先给学生一定的时间复习，然后同桌之间相互听写，听写的是自己认为容易写错的字词，然后对检验的成果进行比较，进而达到良好的复习效果。

4. 互助式

互助式复习主要是指学生通过找到自己在学习中存在的问题，对其进行分析，然后在班级中开展"师徒结对"。这一过程实际上也是学生主动学习的过程，能够有效地提高复习效率，增进同学之间的感情。

训练小学语文复习指导技能需要教师在教学实践中不断探索，不断总结经验。只有这样，才能不断进步。

二、小学语文课外实践指导技能

语文课程是实践性课程，应着重培养学生的语文实践能力，而培养这种能力的主要途径也应是语文实践。语文课程是学生学习运用祖国语言文字的课程，学习资源和实践机会无处不在，无时不有。应该让学生多读多写，日积月累，在大量的语文实践中体会、把握运用语文的规律。既然语文学习资源和实践机会无处不在，就说明语文课堂是和生活一样宽广的。小学语文教师在指导学生加强课内语文实践活动的同时，也应指导学生加强课外语文实践。

课外小学语文实践主要是指根据学校情况、小学语文学科自身的特点以及小学生的实际，开展课外实践活动，进而使学生主体地位得以充分体现，充分发挥学生的创造性，促使学生个性发展，并提升其语文素养。课外小学语文实践是对小学语文课堂教学的有效促进和有益补充，能够使师生关系更加融洽、同学间的关系更加和谐。另外，课外小学语文实践还是发展学生个性、培养学生多方面能力的重要渠道。小学语文教师是课外小学语文实践活动的组织者和实施者，因此小学语文教师应具备专业知识和课外实践指导技能。

训练小学语文教师的课外实践指导技能，可以从以下几方面入手：

（一）做到课堂内外相联系，校园内外相联系

只有把课外小学语文实践放在语文教育的整体中，使课内外相辅相成、和谐发展，才能全面提高学生的语文素养。因此，教师应在课内语文教学中不断扩大语文教育阵地，做到让"语文教育以课堂教学为轴心向学生生活的各个领域开拓、延展，全方位地与他们的学校生活、家庭生活和社会生活有机结合起来[①]"。例如学习《少年闰土》《我的伯父鲁迅先生》《田忌赛马》等写人写事的课文时，教师可以引导学生在课前查阅与人、事有关的资料，在课堂中讲述相关的故事或穿插阅读相关文章，并指导学生在课后开展拓展性阅读。在学习《火烧云》等写景的课文时，教师可以让学生在傍晚时间观察火烧云的变化，并在课下搜集火烧云的图片、诗文，在课堂上进行分享交流。

（二）开发多种多样的语文课程资源，开展多种多样的语文实践活动

当前，随着科技的进步，小学生获取信息、培养能力的渠道日益多元化，作为一名小学语文教师，应开发多种多样的课外语文课程资源，引导学生在生活中积极地对语言进行积累、感悟、运用。各地都蕴藏着多种语文课程资源。学校要有强烈的资源意识，认真分析本地和本校的特点，充分利用已有的资源，积极开发潜在的资源。而教师应注意发现

---

① 郭紫文. 优化语文教学——构建良性语文实践教育模式［D］. 呼和浩特：内蒙古师范大学，2010.

当地的自然、社会、人文等多种语文课程资源，带领学生进行参观、访问，鼓励学生跟随家长出去走走，开阔视野，增长见识，进而拓宽语文学习的渠道。处处留心皆学问，生活处处有语文。这样使语文教育得到了拓展与延伸，与学生生活和社会生活的各个领域相互交融，使社区、家庭乃至外部世界为语文教育提供了大量的资源或场所，使学生能够广泛受到语文教育，同时也让学校的语文教育在不同的环境中发挥作用。

　　课外语文实践活动内容十分广泛，形式也灵活多样，主要包括课外阅读活动、写作活动、口语交际活动和参观访问活动等。教师应指导学生掌握各种活动的特点与要求，结合当地实际情况以及学生的具体情况，适时安排课外语文实践活动。可以组织参观、访问、做社会调查；可以开展知识竞赛、组织读书交流会、朗诵会、演讲会等；还可以表演课本剧、进行剧本创作等。教师应协助学生建立文学兴趣小组及语文兴趣小组，通过多样而有趣的课外语文实践活动，充分展现学生的个性才能，使他们拓宽视野、增长知识、陶冶性情，有效地提高学生的语文素养。

（三）充分发挥学生的自主性、合作性、创造性、体验性

　　课外小学语文实践主要是为了让学生在课外实践活动中获取更多的课外语文知识。学生是语文学习的主体，教师是学习活动的组织者和引导者。课外小学语文实践应尊重学生的主体地位，而教师的指导同样起着重要的作用。教师通过对活动进行组织、推动、协调、评价等，使课外实践活动得以顺利开展。例如演讲比赛，教师应指导学生如何运用语言、举止、表情要注意什么；进行社会调查时，教师应指导学生了解调查报告的基本写法，调查的重点等。在整个实践活动过程中，教师要注意引导学生充分发挥"四性"，即自主性、合作性、创造性、体验性。

1. 自主性

　　相对于课堂教学而言，学生在小学语文课外实践中具有更强的自主性。小学语文课外实践能够拓宽学生的知识面、开发学生的智力、陶冶学生情操、提升学生的能力，这些都是通过学生的思考和实践发挥作用

的。课外小学语文实践活动大多是学生在教师的指导下独立组织、开展的。学生是活动的主人，教师在这个过程中只是一个引导者，引导学生在各种语文实践活动中培养语文的情怀，养成自主学习、主动学习的习惯，让学生参加活动的设计、实施、管理、评价、总结等整个过程。例如在课外采访活动中，可让学生自由结组、自由选择采访对象、自己设计采访内容以及采访程序、自己撰文总结，等等。

2．合作性

课外语文实践活动需要学生之间的相互合作。教师应指导学生在活动中学会合作，建立和谐统一的人际关系，树立为实现共同目标而团结互助的态度，努力培养学生的合作意识和合作精神，使课外语文实践活动在学生的学习与成长中发挥更大的作用。例如在开展"我办手抄报"的活动中，教师可引导学生自由创建小组，每组推荐出一名组长担任主编，其他成员根据各自的特长进行分工担任文编、美编、采访记者、摄影、校对等，然后在主编的协调下分工合作，自拟题目，进行写稿、编辑、排版、设计等。小组成员通过充分合作与讨论，确定手抄报的主题、名称、设计方式以及具体的操作等，力求做到内容充实、图文并茂。因此，在实践活动中，小组成员之间既要做到合理分工，又要相互配合、通力合作。

3．创造性

课外语文实践活动，不仅能够提高学生对事物的判断力和语文的运用能力，而且能够让学生获得大量从书本中无法学到的知识，极大地提高学生的自主创新能力。因此，在课外语文实践中，教师要注意营造民主、开放的活动氛围，引导学生在活动中积极思考，善于发现问题，勇于探索新的事物，发表自己的见解，进而激发学生的创造潜能。针对学生在实践活动中存在的疑难问题，教师要鼓励学生通过合作讨论自主解决。还应鼓励学生在活动中表现出的创新思维，使学生感受到创造的乐趣。例如一位教师组织学生开展和节日有关的活动，学生可以运用自己喜爱的事物和独特的方式对节日进行表达，如吟咏诗歌、展示对联、讲故事等。教师建议学生可以举办小展览，如"邮票展——方寸节日""纪念品展——难忘的节日"等，最后再以"节日小建议"为题，让学生对下一个节日进行计划、安排。学生在实践中收集资料、进行整理、相互交流、分享展示的过程中同时也是探究与合作的过程，学生从生活走入课堂，再从课堂回到生活中，培养了学生的创新思维。

4. 体验性

体验是小学语文课外实践的重要方式。学生在小学语文课外实践中通过自身独特的经验，形成个性化的知识。在小学课外语文实践中，应该让学生学会慢慢体验。小学课外语文实践的过程往往比结果更重要，学生在实践中的感受、体验通常会引发他们的思考，拓展他们的思维。在活动的体验中，学生经常会对已有的知识进行重新组合，而知识重组的过程，既可以提升学生的认识能力，也可以丰富学生的精神生活。

总而言之，语文是一门具有很强的实践性的课程。学生语文素养的培养不仅仅受到语文课堂学习的影响，在很大程度上还取决于课外语文实践活动。21世纪的语文教学是大语文教育时期，不仅要提高课堂教学的质量，还要丰富课外语文实践活动，只有将两者结合起来，才能全面提升学生的语文素养。小学语文教师作为小学语文课外实践活动的组织者与指导者，应不断提高自己的专业素养，提高自身的道德水平，并培养广泛的兴趣。除此之外，还应尊重学生的想法，遇到问题与学生进行商量，平等与学生进行交流，善于和学生打成一片，为开展实践活动营造平等、开放的环境，并不断提高自己随机应变的能力，这样才能在组织开展课外小学语文实践中驾轻就熟，游刃有余。

第四节　小学语文教师的信息素养研究

在信息时代环境下，小学语文教师要做好教学工作，必须具备一定的信息素养。具体来说，小学语文教师的信息素养具有丰富的内涵，不仅要求教师会使用计算机、掌握计算机技术，还要求其具备信息意识与情感、信息知识、信息能力、信息伦理道德及信息创新能力等。本节将从五个方面来对小学语文教师的信息素养进行系统的探讨。

一、信息意识

情商理论认为，一个人的情商能力在他的工作学习中起着至关重要的作用。由此看来，信息意识与情感则是教师信息素养结构的基础。

信息意识是人们在信息活动中产生的认识、观念和需求的总和。总的来说，可以把信息意识的具体内容总结为三点。第一，对信息有积极的内在要求，会将对信息需要自觉地转化为信息的获取行为，以适应社会的发展。第二，能够认识到信息在信息化时代的重要性，并且确立重视知识、终身学习和勇于创新的理念。第三，对信息具有较强的敏感性和洞察力，能够及时有效地掌握有价值的信息并发现其隐含意义，善于利用信息解决现实问题。

信息意识是信息素养不可或缺的一个重要组成部分。对于小学语文教师来说，高水平的信息意识能够使其更好地明确自己的信息需求并指示其获取信息、利用信息等一系列行为的方向。小学语文教师如果想要具备较高的信息素养，必须培养和树立起较强的信息意识。教师的信息意识与情感主要表现在教师对信息的敏感度，以及捕捉、分析、判断、吸收和利用信息的自觉程度，尤其是对有关教育教学信息的敏感度。这里的敏感度主要是指感觉、知觉、情感和意志等心理品质。

小学语文教师每天都会面对成千上万的信息。在这种情况下，能否从大量信息流中捕捉有用信息，尤其是对新的或有重大价值信息的感悟是至关重要的。因此，小学语文教师只有具备强烈的信息意识，才会积极主动地挖掘信息，从而分析、利用信息，以便丰富自身的知识。

对于小学语文教师来说具有强烈的信息意识，能够自觉敏感地察觉各种与自己所关心的问题、所要解决的问题可能存在联系的各类信息，能够时刻想到信息技术，及时运用信息技术，正是新世纪小学语文教师所需要具备的一种素养。当小学语文教师始终以一种积极的态度来面对信息技术时，便能够更好地开展教育教学实践活动，完成素质教育的改革，培养出同样具有信息意识的新型人才。

二、信息知识

信息知识是信息素养的重要组成部分之一。从本质上来说，信息知识是指与信息有关的信息的本质和特性、信息运动的规律、信息系统的构成及其原则、信息技术和信息方法等方面的基本知识。小学语文教师的工作具有一定的特殊性，因此也就决定了他们所需要理解和掌握的信息知识具有一定的特殊性和具体性。对于信息时代的小学语文教师来说，其应当理解主流的信息学理论，掌握一定的信息源和信息工具知识，如教育信息理论、教育信息的特点、具体表现形式及传递教育信息的工具的知识。

三、信息能力

所谓信息能力，就是指人们有效地利用信息设备和信息资源获取信息、加工处理信息以及创造新信息的能力。在信息化社会，人们每时每刻都接收着海量的信息，面对各式各样的信息该如何选择，使这些信息发挥真正的作用和价值，就需要具备一定的信息能力。

小学语文教师的服务对象是广大小学生。小学生在学习的过程中要应用计算机的各项功能对信息进行归纳概括、分析处理，小学语文教师对教学信息的选择和使用直接影响着小学生的发展。从这个角度来看，为了做好教学工作，小学语文教师必须具备一定的信息能力。教师职业的性质决定其具有教育性和师范性的基本特征。在信息时代环境下，小学语文教师除了要具有一般的信息能力外，还必须具备运用信息技术进行教育教学的能力。总的来说，小学语文教师的信息能力主要包括两个部分，即基本信息能力和教育信息能力。

（一）基本信息能力

小学语文教师的基本信息能力主要包括四个方面，即信息系统的应用能力、信息的搜索获取能力、信息的加工能力和信息的应用能力。

1. 信息系统的应用能力

信息系统的应用能力主要包括对信息系统软件系统的使用能力和硬件系统的操作能力。例如能熟练地使用 Word、Excel、Flash 等软件操作多媒体计算机，能轻松自如地进行网上通信、发邮件、查询、浏览等。

2. 信息搜索获取能力

信息搜索获取能力是指搜集获取信息的效率和质量。从客观角度来看，小学语文教师的信息搜索获取能力在很大程度上取决于其对信息源的了解程度以及对信息检索工具、检索方法的掌握程度。

3. 信息的加工能力

信息的加工能力是指对搜集获取的信息进行分析鉴别，对筛选出的信息进行再分析，再综合，最后整合、升华为自己的思想观点的能力。从本质上来说，信息加工是在原有信息的基础上创造新信息的过程。在这一过程中，要对信息进行分类、理解、综合和评价。分类就是根据自己的需求对信息进行分门别类、重新组织；理解就是指能够识别与判断不同信息的含义，了解信息内在的价值和意义；综合就是指在分类、理解的基础之上，对有价值的信息进行重新组合，以期获得新发展；评价则是指对信息的科学性、时效性等进行价值判断。

4. 信息的应用能力

信息的应用能力是指个体在搜集获取信息、加工信息的基础上对信息进行优化、表达和再生的能力。小学语文教师的信息能力很大程度上是由其信息应用能力所决定的。

除了上述四个方面的能力以外，小学语文教师的信息能力还包括从事与信息相关联的其他各项活动的一般能力，如语言能力、观察能力、判断能力及思维能力等。

（二）教育信息能力

从整体上来看，可以把小学语文教师的教育信息能力分为四个部分，即教育知识管理能力、信息化教学能力、信息教育能力、信息技术与学科教学整合能力。

1．教育知识管理能力

教育知识管理能力是指在面对海量网络信息资源时，能够有效地获取、加工、处理这些信息资源，能够将各种教学资源转化为网络式的规范知识集合，并对其提供开放式管理，以实现知识的生成、利用和共享。

这一信息能力要求小学语文教师要了解知识管理的积累、交流和共享的基本原则。积累是指知识资源要达到一定的数量和质量，它是管理的基础；交流是指组织内成员之间要进行互动和沟通；共享是指学习组织内各成员之间的知识要公开，共同享有。

此外，教育知识管理能力还要求小学语文教师能够使用知识管理的工具，即知识的生成工具、编码工具和转移工具。具体来说，要求小学语文教师能够利用知识的生成工具实现知识的获取、合成和创新；利用编码工具通过标准的形式表现知识，实现知识的共享和交流；利用转移工具实现知识的传播和流动，使知识发挥最大效用。

2．信息化教学能力

信息化教学是伴随着现代信息技术在教育中的广泛应用而产生的一种新的教育形态。与传统的教学活动相比，信息化教学具有其自身的特点，它是以计算机多媒体技术、网络技术、仿真技术、人工智能、虚拟现实等现代信息技术为技术支持，以先进的教学理论为指导的新型的教学形式，有利于创新型人才的培养。因此，小学语文教师应当具备进行信息化教学的能力。

信息化教学能力要求小学语文教师能够深刻理解现代教育教学理论和能够熟练掌握各种现代信息技术，并且能将二者有机结合。小学语文教师常用的信息化教学形式有情景模拟、问题解决、教学游戏、虚拟实验室、网络化教学、基于资源的学习等。在以这些形式进行教学活动时，小学语文教师应当充分发挥其信息化教学能力。

3．信息教育的能力

在信息时代环境下，小学语文教师必须具备一定的信息教育能力，才能顺利地完成教学任务。具体来说，这要求小学语文教师既能在自己的教学过程中自觉地融入信息教育的内容，又能在自己的工作、生活中自觉地运用信息技术，营造出浓厚的信息文化氛围，使学生能够从教师身上感受到信息的魅力，进而产生学习信息技术、应用信息技术和提升信息素养的兴趣。

4．信息技术与学科教学整合能力

信息技术与学科教学整合能力，是指小学语文教师能够在对信息技术熟练应用、对学科课程深刻理解的基础上，进行基于整合的教学设计。从客观角度来说，这里所说的整合是要实现学科教学与信息技术之间的融合，这就要求教师依据学科的内容和教学的特征将课程学习内容加工处理，根据需要创设一定的教学情境并转化为生动活泼、图文并茂的教与学资源，帮助学习者在情境中进行问题探索、信息交流，最终实现自主学习。

教育教学的改革必然要求教师具备信息技术与学科教学整合的能力。在当前阶段下，我国的基础教育改革必须重视提高小学语文教师的信息技术与学科教学整合能力。

四、信息伦理道德

教育以德为先，小学语文教师作为传播人类文明的社会成员，其信息伦理道德水平显得尤为重要。在信息时代环境下，小学语文教师不仅要具有崇高的道德修养，还要具有进行信息道德教育的能力。

五、信息创新

从本质上来说，创新是一种以新思维、新发明和新描述为特征的概念化过程，它能够为人类社会的文明与进步创造出有价值的、前所未有的精神或物质产品。创新是一个民族进步的灵魂，而建设创新型国家，关键在人才。具体来说，创新型人才就是指具有创新意识、创新思维和创新能力的人才。小学语文教师必须具有较强的创新意识、创新思维和创新能力，才能较好地完成培养创新型人才的任务。

在创新型人才的教育活动中，小学语文教师的信息创新素养非常重要。小学语文教师的信息创新包括创新意识、创造性思维和创新能力这三方面的内容。其中，小学语文教师的信息创新能力不仅仅包括自身的创新能力，还包括对小学生创新能力的培养。

第四章 小学语文教学策略

第一节 小学语文教学宏观策略

一、小学语文教学目标的审视

教学目标是教学活动的出发点和理想归宿，对教学活动起着导向作用，同时深刻地影响着教学内容的取舍、教学方法的运用及教学效果的评价。《全日制义务教育语文课程标准（实验稿）》对小学语文课程的教学目标做了全方位的阐述，其中不乏新观点与新理念。在这些新观点与新理念的指引下，我们进行了轰轰烈烈的新课程改革。笔者将在此对这一指导性的目标体系进行审视。

（一）关于"语文素养"

新的课程标准认为，语文课程应致力于学生语文素养的形成和发展，即全面提高学生的语文素养，这是语文课程的终极目标。

关于"素养"的解释很多，说它是介于素质和修养之间的一个概念者为多。从汉语词源的角度来说，"素"原指没有花纹的丝织品，是原色的，因为这种丝织品最为常见，所以就具备了"平常"的形容词义，形容词又进一步引申为副词。"养"是"养成"，具有经过努力而达到的语素义。综合起来，"素养"就是指经过平常不断地努力、自然而然达到的水平或造诣。语文素养是其下位概念，指经过平常不断的语言训练而努力达到的语文水平。

对于"语文素养"一词，人们褒贬不一，笔者认为用"素养"来形容语文能力是十分妥帖的。其一，因为语文课程属于人文课程，情感性、主观性、不确定性是其基本特性，个人的知识背景、生活体验与体悟往往影响着对内容的见解与理解，因此一定的语文能力的形成，离不开隐性、长期、潜移默化的熏陶浸染，这是"素"所涵盖的意义。其二，虽然那些从未经过训练的人也可用母语进行日常的口语沟通，但较高级语文能力的形成必然离不开有意识的努力训练，这是"养"所涵盖的意义。其三，从整体来看，因为经过了长期隐性的努力，所以就某一个层面看，个人的语文素养是一个整体，这个整体具有很强的蝴蝶效应，能产生以一带十的效果。

（二）关于三个维度

新课程标准提出了三个维度：知识和能力、过程和方法、情感态度和价值观。从某种程度上说，这三个维度的提出，是对之前过分注重知识与能力的纠正。

1. 情感态度和价值观

情感态度和价值观是彰显人文性的标志。以《全日制义务教育语文课程标准（实验稿）》的十条总目标为例，其中第一条"在语文学习过程中，培养爱国主义感情、社会主义道德品质，逐步形成积极的人生态度和正确的价值观，提高文化品位和审美情趣"；第二条"认识中华文化的丰厚博大，吸收民族文化智慧。关心当代文化生活，尊重多样文化，吸取人类优秀文化的营养"；第三条中的"培植热爱祖国语言文字的情感，养成语文学习的自信心和良好习惯"；第四条中的"逐步养成实事求是、崇尚真知的科学态度"；第五条中的"能主动进行探究性学习"；第七条中的"注重情感体验""受到高尚情操与趣味的熏陶，发展个性，丰富自己的精神世界"等，阐述的都是情感态度和价值观。

近些年，很多家长为了自家成绩优异但过于冷酷的孩子焦急担忧。很显然近二三十年的教育，在追求知识化、科学化的过程中，部分失落了对情感与价值观的引导，忽视了孩子心灵的塑造，或者说在"求真"的过程中冷漠了"求善"与"求美"。好在"亡羊补牢，未为迟也"，重新审视历史，教育当更加注意在"求善"与"求美"上多下功夫，着力培养孩子们的人际亲和力、社会包容力、爱的能力和创造的能力。

2. 过程和方法

新课标课程总目标中有这几条涉及"过程和方法"：第三条中的"掌握最基本的语文学习方法"；第四条中的"初步掌握科学的思想方法"；第五条中的"在实践中学习、运用语文"。

言语能力需要在实践中不断训练与加强，实施语文教学时，就不得不注意实践、加强实践，在实践的过程中，逐渐形成较强的言语能力。而小学语文教学的对象是六七岁至十二三岁的孩童，他们的言语能力正处于快速发展的黄金时期，所以注意过程性，注意过程中的方法，在科学的思想的指导下实施教学，是全面提高学生言语能力的有力保证。

3. 知识和能力

尽管在新课标推行的过程中，知识和能力被淡化了，但就课程标准本身的文本而言，不管是从三个维度在课标中出现的排序而言，还是就课程总目标的表达来看，知识和能力都被摆到了极其重要的位置。

为了强调说明，这里列出总目标的相关内容。第四条，"在发展语言能力的同时，发展思维能力，激发想象力和创造潜能。"；第六条，"学会汉语拼音。能说普通话。认识 3500 个左右常用汉字。能正确工整地书写汉字，并有一定速度。"；第七条，"具有独立阅读的能力""有较丰富的积累，形成良好的语感。学会运用多种阅读方法。能初步理解、鉴赏文学作品""能借助工具书阅读浅易文言文。九年课外阅读总量应在 400 万字以上。"；第八条，"能具体明确、文从字顺地表述自己的意思。能根据日常生活需要，运用常见的表达方式写作。"；第九条，"具有日常口语交际的基本能力，在各种交际活动中，学会倾听、表达与交流，初步学会文明地进行人际沟通和社会交往，发展合作精神。"；第十条，"学会使用常用的语文工具书。初步具备搜集和处理信息的能力。"上述第六、七、八、九条分别集中表述了对识字写字、阅读、写作、口语交际的知识和能力的要求，第四条和第十条提出的是一种可持续发展的能力。

就世界教育改革的整体来看，减少知识量，降低知识难度，腾出时空发展能力与情感，使学生得到全方位发展，是一种大致的共同趋势。减少知识总量与世界科技发展密不可分，随着科技的发展，获得知识已经不是一件困难的事情，拥有知识也不再是职场的核心竞争力，所以相对弱化知识，并不是说知识不重要，而是认为能力、情感与知识同样重要甚至更加重要。

另一种情况也值得注意，在建构主义引领教学设计的今天，教学目标的使用频率有所下降，意义建构取而代之。诚然学生是学习主体，是意义的主动建构者，但是无论教育思潮如何风起云涌，无论知识在教育中的地位发生了多大变化，基本概念、基本原理及基本方法永远都是学习的主题，只有围绕学习主题进行知识建构，建构出来的意义才是真正的意义。换句话说，基本概念、基本原理、基本方法是永远的教学目标。如果脱离了这个教学目标随意建构，甚至毫无目标，任由个别学生的兴趣牵着跑，那么就很可能贻误更多的学生。

二、小学语文教学理念的更新

课程标准提出了四个新理念：全面提高学生的语文素养，正确把握语文教育的特点，积极倡导自主、合作、探究的学习方式，努力建设开放而有活力的语文课程。

对于这四个理念的阐释已经很多，这里只集中讨论下面两个问题。

（一）学生是发展中的人

"学生是发展中的人"包含两层意思。

第一，学生是人。今天的很多教育者都曾深受过去淡化"人性"教育的影响，因此在新的时代到来之后，我们需要接受新的理念，认识到每一个学生都是鲜活的个体。正如《全日制义务教育语文课程标准（实验稿）》所指出的那样："学生是学习和发展的主体""学生是语文学习的主人"，因此"语文学习应激发学生的学习兴趣，注重培养学生自主学习的意识和习惯，为学生创设良好的自主学习情境，尊重学生的个体差异，鼓励学生选择适合自己的学习方式"。

第二，学生是处于发展中的人。所有的人都处于发展之中，但是因为处在特别的年龄阶段，学生这一群体具有极强的可塑性，教师应该着眼于学生潜能的发挥，促进学生有特色、可持续的发展。另外，在小学六年的发展中，每个阶段都有不同的特性。以自主、合作、探究的学习方式为例，与这种学习方式相应的学习能力不是与生俱来的，也不是一朝一夕就能培养好的，它需要根据不同的年级、不同的教学内容、不同的教学班级，从一年级到六年级逐步培养与生成。如果不顾学生的发展实际，一味地注意其作为"人"的自主性，往往适得其反。

但是，"以人为本"并不是用学生的发展否认知识的传授，用学生中心否认教师"教"的作用，以自主学习否认接受学习。"以人为本"是一种精神内核，教学中是不是把学生作为发展中的人来看待，不是以形式来决定，而是以教学内容为主导。

（二）语文实践性

语言是用会的而不是学会或教会的，与此相应，新课标强调了"语文是母语教育课，学习资源和实践机会无处不在，无时不有，因而应该让学生更多地直接接触语文材料，在大量的语文实践中掌握运用语文规律"的观念，并在"教学建议"中要求："语文教学要沟通课堂内外，充分利用学校、家庭和社区等教育资源，开展综合性学习活动，拓宽学生的学习空间，增加学生语文实践的机会。"

在新课标颁发之前，"语文的外延与生活的外延相等"的观念已经深入人心，新课标的要求与提倡无疑进一步肯定了语文学习的开放性，并且高扬着一面旗帜，旗帜上书写着"语文实践性"几个鲜明的大字。

这种导向无疑是科学的，尤其是在小学阶段，因为学生的学习还是以感性为主导，多接触感性材料，多参加言语实践活动，对孩子们提高语文能力十分有用。不过，也要警惕一些片面的认识，因为尽管语文学习需要拓宽空间，需要在校外环境中的运用，但是离开了理性的"教"与"学""用"就会失去其科学性，用得再多，也只是低水平的重复，对于提高语文素养没有多少好处。

除此之外，树立语文课程意识也是一个重要的理念。对于教师而言，理解课程的层次性，相应拓宽语文课程资源与学习领域，意义十分重大。

三、小学语文教学内容的调整

从理论上说，教学内容讲的是"学什么"，教学目标讲的是教学活动的指向，教学内容是实然的，教学目标是应然的。举例而言，如果目标是"要求掌握汉字的基本笔画"，那么教学内容就是具体的汉字、基本笔画的陈述及展示传授这些基本笔画的教学材料。或者说，语文教学内容的载体通常体现在教材中，包括课文、思考练习、基础训练、教辅材料、课堂挂画等，除此以外，教材外的其他资料，如读物、音像带、广电节目、网络资源以及鲜活现实等，经过筛选后，也可以成为相关教学内容的良好载体。因为语文的圆融的特性，语文教学内容不太容易被分析，但教学目标却可以具体到点，正因如此，人们才总是有意无意地用教学目标来代替教学内容。

认识到教学内容与教学目标的差别有重要意义，虽然二者都是人为规定的，但教学目标的人为约定性更强。同一种教学内容，因理解不同，可能会有若干种不同的教学目标。如学习一个"姓"字，有的教师会把教学目标限定于掌握该字字面上的音、形、义；有的教师会稍微拓宽一点，还要求同学们说说知道有哪些姓；还有的教师，可能会认为"姓"能体现中华文化，因此要讲讲"姓"字为什么是"女"字旁，不同的"姓"包含哪些不同的文化等。

概括地说，小学语文的教学内容包括五点，识字写字（包括汉语拼音）、阅读、写作（第一学段为写话、第二学段与第三学段为习作）、口语交际、综合性学习。与之前的教学大纲相比，目前的教学内容发生了四点变化。

第一，识字写字教学中，一、二年级的识字量增加了 500 个左右，

"直呼音节"变成了"拼读音节"。第二，写作教学的内容有了年级的差异，第一学段变为"写话"，第二学段和第三学段是"习作"，初中阶段才称呼为"作文"，这与之前统一称为"作文"有很大的区别。第三，"听说"变成了"口语交际"。"交际"二字展示了一种崭新的社会观念，教学内容也由简单的听说提升到口语应用能力。第四，出现了"综合性学习"这一新名词。关于综合性学习的性质，笔者倾向于教学内容一说，认为综合性学习的"综合"主要是指内容的综合，即学习内容的边缘性，是多学科或多视角的整合。

教学内容的重大调整，与教学观念的更新一样，都应该引起语文教育工作者的高度关注。

四、小学语文教学方法的选择

教学方法有四个层面。第一个层面是原理层面，具有纲领性和抽象性，如启发式教学法、对话式教学法；第二个层面是技术层面，具有中介性和中立性，如讲授法、谈话法；第三个层面是操作层面，如课文题解法、形声字识字法；第四个层面是技巧层面，是教学方法在具体场合的运用，体现出不同教师的个人色彩。在实际的教学中，"原理层面"要贯注在"技术层面"，要体现为"操作层面"，最后通过"技巧层面"得以落实。

无论哪个层面上的教法，都必须以教学内容为中心，以教学主体为中心。即符合教学内容需要，符合学生知识与心理规律，适于教师取长补短的教法才是好的教学方法。小学语文是小学阶段的主要科目，教学内容十分丰富，听说读写、古今诗文无一不涉，教师应充分研读教学内容，以符合孩童心理的生活化、情境化、具象化、趣味化教学原则为指导，把课堂中的教学发挥到"艺术"的境界。

五、小学语文教学评价的改革

新课标这对"评价建议"的要求如"量化和客观化不能成为语文课

程评价的主要手段""应避免语文评价的烦琐化""形成性评价和终结性评价都是必要的,但应加强形成性评价""定性评价和定量评价相结合,更应重视定性评价""应注意教师的评价、学生的自我评价与学生间互相评价相结合""还应该让学生家长积极参与评价活动",几乎每一句都是对之前的习惯进行重大转型。

不过,上述要求其实都脱离不了两个共同的前提:其一,语文是一门有丰富人文内涵的实践性课程;其二,学生是学习和发展的主体,应充分关注学生的个体差异和不同的学习需求。

(一)语文的实践性和人文性对评价的要求

"语文"作为一门课程,其名称中的"语"字分明地传达了对实践的诉求,而"文"字无论从语源学角度而言,还是从作为语素构词而言,与"人文"总是有千丝万缕的联系。据此,我们把实践性和人文性作为语文课程的两个特性,并把它们作为教师认识语文、实施评价的重要窗口。

因为实践性,运用就是展示语文生命的唯一手段。有些运用是外显的,比如课堂内的口语交际与习作练习;有些运用是内隐的,比如阅读时的情感体验与语言积累。实施评价之前,首先要认清这两种实践运用的区别,才能避免风马牛不相及的情况出现。

因为人文性,情意和志趣成为贯穿语文学习全过程,并直接影响知识掌握和智力发展的重要因素。在实施评价时,学生的学习动机、兴趣、情感、态度、合作意识、创新精神以及通过语文学习所形成的思想品德、价值观、人生观等,都应成为不可忽视的评价对象。

(二)学生的发展性与差异性对评价的要求

学生是发展中的人,关注其发展性与差异性是人本教育的内核。小学生正处于教师崇拜阶段,教师是他们的偶像,教师的一言一行都对他们幼小的心灵产生极大的影响。充分认识到学生个体的发展性与差异性,并以此为依据,实施因人而异的科学评价,对于孩子们的人生可持续发展具有不可低估的作用。

1. 学生的发展性与差异性

对于小学生的发展性，有教师做了详细的诠释。低年级的小学生，心理特征带有明显的形象性、具体性、无意性，情感还处在比较低级阶段，对自己情绪的控制能力比较差，虽然已经掌握了最基本的口语语法形式，但是理解书面语言和运用书面语言表达的能力比较低下；中年级的小学生，在心理与发展过程中，都正处于一个转化和过渡的比较特殊的阶段；高年级段的小学生，初步具备了抽象概括的思维能力，但由于知识经验的限制，还无法进行那些和具体事物相距较远的高度抽象概括的活动，也只能对一些过程、结构简单事物进行抽象概括，其口头语汇更加丰富，对词与概念的理解日益丰富、深刻，可以凭借语言进行想象和有目的、按顺序、有选择地进行回想，独白的言语逐渐成为口头语言的主要形式。这些心理特征或直接或间接，都影响着小学生的学习，都和小学生的语文学习有着密切的关系。小学生发展的阶段性，是实施合理教学与评价的重要依据。

多元智能观认为，个体之间具有差异性，不同个体可能擅长不同种智能，不同智能间没有价值高低和品质优劣之分。坚持这种观点，有助于灵活掌握评价标准，实施更加宽容而合理的评价。比如，对于不能按时达到标准的学生，允许异步达标，并在承认差异性基础上帮助其找到症结，从而改进提高，实行延迟评价。再如，多用不止一个答案的开放式问题测评学生，这种类型的题目有助于测出学生的真实水平和非认知领域的素质。总之，接受个体差异性，接纳智力不同、兴趣爱好不同、个性心理品质不同的学生，并通过正确的评价方法来激励他们扬长避短，是每一个合格教师的必备品质。

2. 学生的发展性与差异性要求评价多样化

目前，常用的评价方式大致可归为定量与定性两种。定量包括考试与考查（检测单、调查表、日常观察）；定性包括评语、成长记录袋。

（1）定量评价

考试作为一种测量的结果，是评价的一种重要依据和重要组成部分，要树立先进的考试观，改革语文考试的内容，加强其与社会实际和学生生活经验的联系，重视考查分析问题和解决问题的能力，同时考试形式应多样化，可采取笔试和口试相结合，闭卷和开卷相结合等形式，甚至还可以允许学生自主命题、自选试题或参加多次考试等。

考查通常也含有考试的性质，但在成绩的评定上采用等级制，多用于检测观察能力、思维能力等非智力因素，常用形式有口试、笔试（多为开卷）、调查和日常观察等。考查法不仅要注意及时评价与分析，还要注意将日常考查和总结性考查结合起来，以便及时全面地反映学生的语文学习情况。

（2）定性评价

评语法是常用的传统定性评价方法，指运用口头语言或书面文字，对被评价者参与语文课程实施的表现作出价值判断，并得出相应的评价结论的方法。评语法包括即时口头评语和作业书面评语两种，其中即时口头评语直接快捷，有利于将自评、互评、师评有效结合起来，是一种对学生影响最大的过程性评价。书面评语有一定的滞后性，常常要求评价妥帖，书写规范，风格自然。无论口头评语还是书面评语，都必须做到《语文课程标准》指出的"采用激励性的评语，尽量从正面加以引导"。

成长记录袋又称"档案袋"，是近年来颇受欢迎的一种定性评价方法，它打破了以往评价仅仅局限于语文书本的局面，将评价的触角延伸到课外、社会、家庭，甚至与其他学科相联系。语文成长记录袋一般有明确的主题，如语文各单项考核成绩报告单、研究性学习的小论文、最佳写字作业、诗文摘抄、获奖记录、作文集、日记簿、手抄报等，是学生在教师的指导下，有目的、有计划地培养语文素养留下的串串足迹。也正如因此，在创建语文成长记录袋的过程中，学生能清晰地看到自己的成长步伐，感受到成功的喜悦，减轻了横向比较带来的竞争焦虑。成长记录袋是一种颇为人文的评价形式，但是在班额较大的情况下，要避免成长记录袋在无人关注中走向自生自灭。

　　我国教育界以前非常注重语文教学评价，尤其是对学生的学习结果的评价，但是《语文课程标准》拓展了语文评价的视阈，认为"语文课程评价的目的不仅是为了考查学生实现课程目标的程度，更重要的是为了检验和改进学生的语文学习和教师的教学，改善课程设计，完善教学过程，从而有效地促进学生的发展"。可见，形成性评价与定性评价应该受到更多关注，而如何正确评价教师的教学也是一个不容回避的问题。

六、小学语文教学资源的开发

　　目前，局限于"教学大纲""教学计划"和"教科书"的课程观已经不能适应时代发展，新课改强烈呼吁教师树立课程意识，着力开发和利用多种教学资源。

　　关于小学语文教学资源的开发与利用，新课标的相关建议包括：（1）语文课程资源包括课堂教学资源和课外学习资源，例如：教科书、教学挂图、工具书、其他图书、报刊、电影、电视、广播、网络、报告会、演讲会、辩论会、研讨会、戏剧表演、图书馆、博物馆、纪念馆、布告栏、报廊、各种标牌广告等。自然风光、文物古迹、风俗民情、国内外的重要事件、学生的家庭生活以及日常生活话题等都可以成为语文课程的资源。（2）各地区都蕴藏着自然、社会、人文等多种语文课程资源。要有强烈的资源意识，并努力开发，积极利用。（3）学校应积极创造条件，努力为语文教学配置相应的设备，还应当争取社会各方面的支持，与社区建立稳定的联系，给学生创设语文实践的环境，开展多种形式的语文学习活动。（4）语文教师应当高度重视课程资源的开发与利用，创造性地开展各类活动，增强学生在各种场合学语文、用语文的意识，多方面提高学生的语文能力。

　　随着教学大纲被更名为课程标准，"课程"意识也被推上了前台，课程资源的开发成为每一名教师的业内之事。对于课程资源，做出以下阐释。

（一）语文教科书是最核心的语文课程资源

随着时代的发展，语文教材概念在不断扩大，涵盖了教科书、教学指导书、补充读物、教学挂图、幻灯片、字词卡片、录音带、录像带、激光视盘等内容。其中，语文教科书仍然是事实上的核心的语文课程资源。

不过，自 1986 年全国中小学教材审定委员会正式成立以来，教材编审分开，语文教科书就不再是以前一本独领风骚的局面，尤其是第八次课改实施以来，语文教材领域更是百花齐放。以小学语文教材为例，2001 年起，人教版、北师大版、苏教版三个版本的《语文》被教育部推荐在全国范围内试用，此后，湘教版、语文 A 版 S 版、鄂教版、冀教版、西南师大版、长春版、教科版、中华书局版等也先后通过中小学教材审查委员会审查，使小学语文课程的教材呈现多样化发展趋势。在新的课程标准的指导下，这些新教材都力图改变教材的服务功能，由纯粹"教本"转向既便于教师教又便于学生学的"学本"。形式上大多顾及了儿童的心理特点，做到了图文并茂、极具亲和力。此外，各版教材都力争以特色出彩，如北师大版以学生语文实践活动多样化为核心，采用适合学生认知水平的"主题单元"编排方式；苏教版几乎年年在修订，每一年都有新的变化；湘教版低年级口语先行，口语与书面语两条线，前后跟随，各自发展又紧密相关等。

（二）语文教师和学生是极为重要的人力课程资源

语文教师、学生、家长、语文学科专家、作家以及社会各界人士等人力资源也是十分重要的课程资源，有不可低估的作用。尤其应注意的是，教师和学生本身就是很重要的课程资源。教师的学识、思维品质、个性特质等，对于学生来说，都是典型的楷模，是可以互动的课程资源。而所教学生的个性特征，对于教学组织者而言，也是需要参照的课程资源。有了人的参与，国内外大事、日常生活琐事，经过选择与组织之后，都可以进入语文课程，因此，在人文性突出的语文课程当中，人力课程资源具有不可小觑的意义。

（三）教学硬环境是不可忽视的语文课程资源

如果把人力环境视为教学软环境，那么与此相应的教学硬环境应该至少包括教室、校园、社区三个层次。

教室里的特色角（队角、生物角、饲养角、展示角、图书角）、黑板报、抬头标语、闭路电视系统，学校里的图书馆、资料室、电子阅览室、布告栏、报廊、广播、标牌广告，社区里的博物馆、展览馆、科技馆、工厂、自然风光、文物古迹、风俗民情等，都是可资开发的重要的课程资源。

（四）课程资源的合理利用与广泛开发同样重要

随着课改的深入，越来越多的教师都加深了对新课程观的理解，对课程资源的开发和利用意识越来越强，相关资料的补充，其他学科知识的引进，多媒体设备的运用，使教学时空得到了较充分的拓展。但是，对于课程资源，在广泛开发之时，还需理性利用。

1. 结合教学实际，切忌盲目搬用

教学中要结合教师、学生、教学目标与教学内容的实际。教学中，课程资源的开发与利用既要结合学生的实际与体验，与教师教育教学修养的现实水平相适应，还要考虑到与具体教学目标与教学内容的切合度，切忌"拿来主义"，盲目搬用，以致弄巧成拙。

课改课堂中的教学说明文，如《访问环保专家方博士》《新型玻璃》等，常常可以见到这样的教学过程：课前布置搜集资料，上课时，主体活动就是分组活动，学生有的问问题，有的根据课前搜集的资料回答问题，把整节课变成一堂课外资料展示课，脱离了教学目标与内容，完全没有实现课文应有的文本价值。

2. 紧扣语文特点，防止游离于言语活动之外

在强调课外资源引入，强调自主合作的今天，小学语文课堂变得丰富而热闹，唱、跳、演、画，无不极尽其能事，而不少教师为了激发学生兴趣，让课"出彩"，也往往费尽心力去制作课件。上课时学生几乎很少读书，也很难静下心去品味语言之美。这导致在表面化的自主合作

探究中，很多语文课堂忘记了语文是什么，成为游离于言语活动之外的游戏课堂。

在教学中，不能让非语文活动挤占了学生语文课上应有的读书、品味语言文字的时空。语文课程要建立跨越领域的学习平台，但应注意立足于"语文"而不是漫无目标的大杂烩。

3．加强整合与提炼，避免为拓展而拓展

一些教师经常布置学生课前搜集资料，可是在课堂上交流时，除极少数资料派上了用场外，大多数资料连露面的机会都没有，只好放在一边。而那些露了面的资料，也往往因为缺乏事前的整合与提炼，没有达到应有成效。也就是说，如果相关资源是必需的，那么在课堂上集中使用前应先进行整合，提炼转化成自己的语言。

第二节　小学语文教学中观策略

一、学期教学计划的制订

（一）学习课标，领会纲领

课程标准是根据党的教育方针和教育计划，由国家教育行政部门制定和颁布的教学工作指导性文件。语文课程标准中明确规定了语文课程性质、课程基本理念、课程总目标以及各学段的教学目标，语文教科书就是根据语文课程标准的要求编写的。作为一名语文教师，必须深入学习和领会语文课程标准，这样有助于在制订学期教学计划时树立语文教学的整体观念，正确把握尺度，突出重点训练内容。

（二）熟悉教材，统观全局

在全面学习课程标准的基础上，小学语文教师还须认真通读语文教材，掌握语文教材编写体例、内容、各单元之间的联系，体会编者的意图，明确全册的教学要求以及各组课文乃至每篇课文在全册中的地位与作用。因为教材的编写有系统性和科学性，不通读全册教材，教学就会产生盲目性；通读后，才能做到心中有数，有的放矢。教师应尽可能将该教材的前一册与后一册教材都通读一下，这样才能更好地做到"瞻前顾后"。

（三）了解学生，掌握情况

为使教学更能有的放矢，教师应对学生原有的思想状况和知识基础进行分析。学生原有的思想状况和知识基础是指学生的思想特点、知识水平、学习习惯和接受知识的实际能力。如果是刚入学的一年级学生，教师应对来自不同家庭的学生做一个全面的了解，比如学生的已有识字量、兴趣爱好、个性才能、生活习惯以及家庭环境、家长的教育方式等。如果是新接一个班级的教学工作，则应在学期开学前对这个班级学生的情况进行全面了解。诸如学生对语文课程的认识、学习态度、基础知识和基本技能的水平、学生差异的情况等。可通过分析学生上学期的试卷，也可以召开学生座谈会、征求学生对学习语文的意见和建议等方式进行。即使是一个连任的班级，教师在学期初也应对学生的情况做一次总体分析。

（四）统筹兼顾，制订计划

在前面几步的基础上，要统筹兼顾，制订学期教学计划。学期教学计划的内容包括以下五点。

1. 班级情况分析

情况分析主要是对学生基础知识、基本技能、学习习惯的简要分析。要着重分析班级情况的发展变化，而不是原有情况的简单重复。

2. 本学期教材内容分析

教材内容及总体安排，包括单元及练习的安排顺序、安排特点、目的作用等。

3. 本学期教学总目标、教学重难点

要从全册教材内容和特点出发，根据课程标准提出的学段目标，考虑学生实际，提出切合实际情况的教学总目标及教学重难点。

4. 提高教学质量的措施

即对提高教育教学质量提出一些具体可行的措施，如提高课堂效率的策略、帮助学困生的方法、学生学习兴趣及习惯的培养等。

5. 学期教学进度安排

学期教学进度安排包括周次、教学内容及要求、课时数、教学准备等内容。

二、单元教学计划的制定与实施

单元教学计划是课时教学计划的初步设计。单元教学计划对制定课时教学计划和实施课堂教学方面起着重要的指导作用。单元教学计划一般包括本单元教材简析、教学目标、教学重难点、教学进度安排等内容。在制定单元计划时应注意以下三个方面。

第一，正确理解教学单元。小学语文教材编排上大多是以某一专题、话题、主题来组合识字写字、阅读、口语交际、习作（或写话），构成一个单元。由于任课教师、教学对象及教学条件的不同，对同一教学单元内容的安排、处理可以有所不同，这样才能使教学具有一定的灵活性。

第二，明确制定单元计划的步骤。首先，要研读单元教材内容。了解本单元的教学内容以及各内容在本单元中的地位、作用、相互间的关联。其次，要明确单元教学目标。教师应根据《语文课程标准》中提出的识字写字、阅读、习作、口语交际、综合性学习五个方面的学习目标，结合本册及本单元内容的特点，确定本单元的教学目标、教学重难点；再次，合理制定单元教学进度，形成相对完整的学习内容体系。

第三，明确制定单元教学计划的基本要求。首先，要有明确的目标。在单元计划的设计与制定中，要有明确的单元学习目标，这些目标应涉及知识与能力、过程与方法、情感态度与价值观三个方面；其次，在考虑具体教学时间安排时，应留有一定的余地。

第三节　小学语文课堂教学微观策略

小学语文课堂教学微观策略是指在一堂课的教学目标已经确定之后，有针对性地组织教学的决策和设计。

一、小学语文课堂教学的基本环节

从课型上看，课堂教学可分为新授课、练习课、复习课。新授课的主要内容是学习新知识，掌握新技能；练习课的主要任务是巩固知识与发展能力；复习课则是对某一段教学内容的系统梳理，以进一步巩固知识与发展能力。课型不同，教学环节也不尽相同。下面以新授课为例阐述上课的三个基本环节。

语文新授课一般经过这些环节：导课——教学新内容——结课。

1. 导课。即导入教学内容。导课是安定学生情绪，集中学生注意力，激发学生学习兴趣，明确学习目的和建立知识间联系的教学活动。常用的导课类型有：联系旧知导入、设置悬念导入、审清题意导入、创设情境导入、实物演示导入、直接导入、故事导入、利用名言警句导入等。无论选取哪种形式导入，都要具有目的性、针对性、启发性和趣味性，要有助于学生明确学什么、为什么学、怎么学。

好的导入设计和运用是教学成功的一半，是教师在理解教材的基础上精心的再创作活动。导入的类型和方法的选择因教材内容和学生实际而定，不可随意草率。导入的语言要精练，设问或讲解能引人入胜，激起情趣，发人深省。导入的时间要适度，一般 2～3 分钟为宜，否则喧宾夺主，影响新课的教学。新授课的导入语必须引起学生注意，激发学生学习动机，让学生的情感和注意力迅速指向所学内容。

2. 新授。新授环节是上课中的主体环节。在这一环节中，教师要抓住教学重点、难点对学生进行语文基本功训练，把提问、讲解与学生读书、思考、讨论、探究有机结合，实现师生和生生间的互动，使学生的知识与能力、过程与方法、情感与价值观协调发展。这一教学环节一般要经过检查预习和围绕教学重难点分步实施教学的过程，此处就分步实施教学中教师的提问、讲解和指导的方法进行阐述。

（1）提问。提问是指在课堂教学过程中教师有意向学生提出问题，引起学生思考及其言语反应，以实现教学目标的行为方式。一节好的语文课是一连串的好的问题的设计，在语文教学中，提问是有重要意义的。

（2）讲解。讲解是教师在课堂教学中直接运用语言向学生传授知识、启发思维、表达思想的教学行为。教师通过准确、形象、具体、生动的课堂讲解，在较短的时间内，全面而广泛地向学生传授知识，同时把难以理解的问题变得通俗易懂，把枯燥乏味的问题变得生动有趣；把看不到的情景描绘得栩栩如生。优秀的讲解，对陶冶感情有着深远影响。

在新授环节中，教师除必要的提问之外，更重要的是把读书贯穿到课堂教学全过程，并尊重学生在学习过程中的独特体验。

（3）结课。即课的收尾，也称断课或教学小结。它是在完成某项教学任务后，对教学内容进行总结归纳和转化升华的教学行为。结课虽然在一堂教学课中只占三五分钟，却有着很重要的作用。结课如同聚光灯一样，将学生的知识聚集起来，进行归纳、小结，帮助他们完成由感性认识向理性认识的飞跃，使学生对所学内容了然于心，永志不忘。

结课的方法有很多，如总结式、表演式、欣赏式、抒情式、悬念式、延伸式、畅想式、激发式等。结课方法要依据教学内容和教学对象进行选择，以求得内容和形式的统一。

二、小学语文课堂教学的预设与生成

由于教学工作对象是人，因此课堂教学必然会有生成性，即使在凯洛夫"三中心"主宰课堂的时代，课堂教学也一定存在一定的生成性。只不过新课改之后，新理念更加倡导学生的主体意识，因而课堂教学的生成性也就相应的从背景中凸显出来，成为大家关注的热点。

（一）"预设"与"生成"是反对关系而非矛盾关系

从逻辑上说，预设与生成是反对关系，而并非矛盾关系。

这是什么意思呢？比如"红"，如果要找反义词，人们一般自然地想到"白"，如"白刀子进红刀子出""红白喜事"等。但是，"黑"是不是"红"的反义词呢？"绿"是不是"红"的反义词呢？答案很明显，是不是反义词，关键要看语境，名著《红与黑》中，"红"与"黑"是对立的，"红花绿叶"中"红"又与"绿"是对立的。诸如此类的词，就是我们所说的反对关系的词。而严格意义上的矛盾关系，则是互不相容的关系，不存在中间状态，也没有第三种、第四种等其他种形式，比如"男学生"与"女学生"、"有核国家"与"无核国家"就是这样。

一般认为，"预设"是提前设置，"生成"是在具体情境中自然长成。"预设"与"生成"能否共存，这是一个抽象的提问，下面以具体的实例来加以证明。

宇宙是不是预设的？科学研究告诉我们，宇宙起源于大爆炸，它也有一个生成的过程。把视界放宽一点会发现，几乎所有的事物都有一个生成的过程，包括时间、空间这些看起来亘古不变的东西，也在不断地被科学家们证实是有起点和终点的，即它们是有寿命的，它们也是生成的。那么，生成就是天经地义的，这也恰好符合目前流行的观念——学习是生成的，强调课堂的生成性。

问题是，"生成"是不是毫无基础呢？换句话说，"生成"能不能离开"预设"呢？正如生物，它们都是生成的。但是撒下白菜种子不能长出油菜来，母鸡也不能生出鸭蛋来。为什么不能？因为"生成"离不开"预设"好了的基础。

可见，"预设"与"生成"是不矛盾的，它们能够共存而且必然共存。"预设"由"生成"实现，"生成"生成于"预设"之上。

（二）"合理预设"是"优质生成"的必要条件

就课堂教学而言，预设与生成并不是一个层面上的东西。

1．什么是必要条件和充分条件

我们以 A、B 两个事物为例，谈谈什么是必要条件和充分条件。说 A 是 B 的必要条件，就意味着如果没有 A，就没有 B；而有了 A，却不一定会有 B。说 A 是 B 的充分条件，则意味着如果有 A，就一定有 B；如果没有 A，也不一定没有 B。

2．"合理预设"是"优质生成"的必要条件

前面所说的是"预设"和"生成"，这里加上两个限定词是为了明确起见。可能是人性本善的原因，我们总是在潜意识中把某些中性词认定为褒义词，比如"教育""改革"等，当"生成"作为一个新名词在教育领域出现时，人们自然而然地把它看作为一个褒义词，而与之相对的"预设"则因此变得暧昧起来。其实，"生成"也好，"预设"也罢，都是一种客观存在，所谓的褒义与贬义都需看使用者如何使用。正如一把菜刀，用来帮助人们切肉砍骨头时，是个好工具，用来杀人灭口，就成了凶器。所以，为了把意思表达得更清楚，我们直接加上限定词，说明此处讨论的"预设"是"合理"的，是符合教材、学生、教师实际情况的教学设计；"生成"是"优质"的，是根据课堂实际情况，及时做出的科学反馈与修正。

下面来讨论一下二者的关系。

没有"合理预设"，能不能有"优质生成"？在教学论意义下，所有成功的教学活动都必须有所准备，或者说备课。对教学内容、教学对象及教学者本人不做深入了解，即使驾驭他人的能力再强，随机应变的水平再高，也上不出一堂优质课。所以说，没有"合理预设"，就没有"优质生成"。

"优质生成"是不是"合理预设"的必然结果？对于同一个教师，一般而言，课备得越科学合理，其在课堂上越游刃有余，也更有时间去关注学生的当堂反应，越有能力去处理学生的"旁逸斜出"，做到教学最优化。但是，也有很多与此不一致的情况。比如有的教师认为自己准备得够好了，顺着所设计的跑道就可以自然跑到终点，忘记了学生作为

人的鲜活个性，忽略了学生作为人的思维活跃性，使本来可以事半功倍的教学最终变得事倍功半。就从这个意义上来说，"优质生成"也不是"合理预设"的必然结果，更何况还可能有一些非教学意义的课堂突发事件，它们的发生也将影响着"优质生成"的效果。

综合上述认识，课堂教学的预设与生成的问题也就迎刃而解了。第一，预设与生成是并存的关系，教学中强调教师提前备课的重要性，但并不能因此而否定课堂中根据孩子们的临场表现做出调整；同样，强调孩子们课堂上的表现对于教学环节设置的重要性，也并不意味着就可以放弃教师课前的精心设计。第二，从更加广阔的视野上看，离开了合理的课前准备，就不会有优质的课堂教学产生；当然，有很好的课前准备，也不一定能生成一堂优质课。

小学语文课堂有自己的特色，但就预设与生成这一对关系而言，它与所有课堂一样，因此从逻辑上认识预设与生成的关系，有利于小学语文教师厘清新课改观念。

三、小学语文课堂教学的反思与优化

反思有两个主要角度，一是对活动进行逆向思考，一是回过头对之前的状况进行思考。教学反思涵盖了上述两个角度，教学反思是教学优化的必由之路，教学优化是教学反思的促进动力之一。

（一）为什么要重视教学反思

1. 教学优化的必由之路

孔子曾经说过"吾日三省吾身"。辩证唯物主义认识论则认为，人类对客观事物的认识要经历"实践-认识-再实践-再认识"的过程。积极反思意味着反思者有一个开放负责和全心全意投入的心态，是进取的标志。反思包括对教学活动本身的反思，也包括对自身素养的反思，对教学材料的反思。教师的教学反思，犹如春风化雨，有助于培养学生的反思意识和能力，全面提升学生的语文素养。

2. 教师专业化的需要

一个教师的成长＝知识＋经验＋反思。

反思属于元认知。元认知的核心意义是对原有认知的再认知，即认知主体对自身的心理状态、能力、任务、目标、认知策略等方面的认识，同时又是认知主体对自身各种活动的计划、监控和调节。它主要包括元认知知识、体验和调控，其中调控是核心。从这一层面上说，反思是一种体验后的调控。

通过反思，教师会不断更新教学观念，改善教学行为，提升教学水平；通过反思，教师能在学生的"错误"中寻求发展，在自身的"失败"中找到出路，在教材的"局限"中谋求进步；通过反思，教师可以从冲动的、例行的行为中解放出来，以审慎的方式实施教学行为；通过反思，还可以使教师从教学主体、目的和工具等方面，从教学前、中、后等环节获得体验，变得更加成熟。所以人们普遍认为，反思是教师取得特定实践成就、走向解放和专业自主的工具。每位教师都应当强化反思意识、知晓反思内容、掌握反思策略（包括写反思日记、课堂录像、同行观摩、校际赛课、专家观摩等）、形成反思习惯。

因此，反思是实现教师专业成长的一种有效的工具和手段，它不仅可以帮助教师逐步成长，还有助于教师安然度过教学生涯高原期。古话说得好，"穷则思变，变则通，通则达"。什么是"穷"？"穷"就是路走到了尽头，就教师而言，是指教学中碰了壁，或者是已达到了所谓的瓶颈期。其实，路永远在前方，所谓"穷"，只是执于一隅的穷，是只顾埋头拉车，从不抬头看路，也不回顾反思的"穷"。这样日复一日，必然会成为一个地地道道的教书匠，教学工作也只能是"年年岁岁花相似"，而不可能出现"岁岁年年人不同"的新气象。

（二）反思的主要内容

几乎所有与教学有关的活动都有反思的必要，这里主要针对新课程改革中出现的新问题及语文教师的特性要求进行反思。

1. 学习内容的反思

要打破唯教材中心论，要创造性地使用教材，这是建立在教师深入钻研教材、理解教材的基础上的。片面地理解使用教材，或抛开教材进行发散，就走上了另一种极端。有些教师所谓的注重知识内容的任意拓展，忽视了语文课的本体训练，将语文课上成常识课，"种别人的田，荒自家的园"，对语文教学的质量带来了很大的负面影响。

2. 学习方式与教学组织的反思

（1）"自主"的异化与还原

目前，课堂教学有一种片面追求"个性化"教育的倾向。让学生自读课文、自定学习内容、自选学习方法已是当今阅读课上的流行风气。"请你用自己喜欢的方式读一读""你学懂了什么""你想学哪一段，就先学哪一段""你喜欢学哪一段""你想先学什么""你想怎么学"等"民主"的形式充塞于耳。这些形式从表面上看，是提倡了学生的主体精神，实现了认识活动到生命活动的提升。然而，"自主"不等于"自流"。众所周知，学生自主选择，往往避难就易。比如"读"，学生喜欢的方式往往是热闹好玩的齐读、默读和浏览等较高级的心智活动，因为要将字码直接译为意码，难度较大，往往就被舍弃。对于小学生，尤其是低年级的小学生而言，过分地强调"自主"，让他们自定学习方式，自选学习内容，无异于饮鸩止渴，不仅达不到培养主体精神的目的，而且影响了大多数学生的学习，造成课堂教学质量的直接下滑。

（2）"合作探究"的异化与还原

当前的课堂教学改革中，把学生分若干小组学习是"合作学习"的一种主要形式，广为教师使用。但在课堂上发现，不少教师僵化地理解合作学习，片面地追求所谓小组学习的形式，进行一些毫无意义的合作与探究。有效的合作学习有自己的组织原则与组织时机，合作学习的组织原则主要有：第一，合作学习要基于独立思考；第二，合作时有明确论题及组织；第三，要求小组中所有学生都真实参与。此外，要准确把握运用小组合作学习的时机。一般来说，课堂教学中有几种情况比较适宜使用合作学习：一是出现了新知识，需要培养探索、合作能力时；二是遇到大家都企盼解决的问题，而依靠个人能力又不能实现时；三是学生意见不一致且有争论时。总之，小组式合作学习不是课堂理念是否更新的标签，并非用得越多越好。只有在充分考虑学生的学习习惯、学习能力等因素的基础上合理组织，小组式合作学习才能发挥理想的作用。

但需要注意的是，在目前的课堂教学中满堂问答不等于主动参与；小组讨论不等于合作学习；开展活动不等于探究性学习；重视能力培养不等于淡化双基；课堂活跃不等于教学设计合理；提倡教学民主不等于不要教学秩序；提倡鼓励表扬不等于越多越好；信息技术与教学整合不等于每节课都用课件；教学评价不等于只评价教师的教；用教材教不等于教教材。

3. 自身语文素养的反思

语文教师与其他教师有一点明显的不同，即其素质要求不以知识为主体，而以运用语言的能力为主体。语文教师本身的言语能力既是个人取得良好业绩的基础，也是学生得以模仿的经典示范。这就要求做到以下四点。

（1）掌握一定的语言文字知识。知识不一定是能力的基础，但它与能力息息相关。比如，现代汉语词汇、语法、语用知识，现行汉字基本知识中的造字法、汉字结构（笔画、笔顺、部件、偏旁、部首）、汉字规范化（定形、定量、定序、定音）知识、词源知识等等，要么有助于理解教授词义，要么有助于上溯字源，要么有助于了解词与词之间的关联，建立词义系统结构。

（2）锤炼口头表达能力。口头表达能力有"情感丰富"和"语音标准"两条要求，具体到识字教学，语音标准更为重要。因为小学生正是学习语言的最佳时期，小学语文教师尤其是低年级的启蒙教师，他们的普通话水平直接决定学生的发音。教师们应以普通话测试为契机，苦练难点音，克服"方言"语调，确保普通话达到二甲以上水平。另外，在课上课下都要坚持讲普通话，在做好学生榜样的同时，营造学校雅致的氛围。"情感丰富"除了体现在教学常规语言中以外，还集中表现在能否用态势语辅助汉字教学，教师要有意识地使自己的表达"情感丰富"，有感染力。

（3）提高板书能力。板书能力的最低要求是不写错字，并做到笔顺规范。另外还要保证楷书书写，同时争取"有力、个大"，以便于学生辨识，减少视觉疲劳。

（4）提升思维品质，做创新型教师。小学阶段的孩子充满好奇，以"十万个为什么"称呼他们也不为过，如果教师不常思考，则经常会被问倒。虽然人们也并不要求教师对孩子的所有问题都给出答案，但指出思考的大致路径则是必需的，这不仅影响到孩子当时的兴趣保持，也关系导其今后的创新思维培养。当今时代呼唤创新与思考，墨守成规的教师是没有生命力的。

是不是经常思考，关乎一个教师的教学态度与能力素养，因此倡议所有的语文教师都让大脑动起来，这样自身教学能力就会日臻完善，课堂教学就能达到最优化。

第五章　小学语文教学设计

人类是一种复杂的生命系统，人的自觉、系统的发展需要设计才能适应现代社会的急速变迁。教学设计可视为人类的自我设计，其发展得益于以加涅为代表的一批划时代天才人物富有成效的开创性探索。随着我国的改革开放与教育事业的繁荣与发展，教学设计被引入我国，关于教学设计的研究也一直是人们研究的重点。本章重点介绍新时期小学语文教学设计的基本原理、类型及价值取向。

第一节　小学语文教学设计的基本原理

一、设计行为概述

（一）设计行为的所涉对象

设计行为广泛存在于人类活动之中，人类的设计活动在自然和社会等方面都取得了傲人的业绩。总体而言，人类设计行为的所涉对象可相对分为以下三类。

第一，人类自身，如艺术活动、教学活动、整容手术等。

第二，自然界，如沙漠治理工程、高能对撞机等。

第三，人、社会和自然的互动，如人类迁徙活动、建筑活动等。

严格来说，所有设计行为都与人类活动相关，如沙漠治理工程的设计与实施都需要由人来完成，沙漠化的过程本身就与人有关。而对人类自身活动的设计是所有设计行为中最困难的，如教学设计行为兼涉自我设计、对象性设计和互动设计。"从教师的角度看，教学自我设计主要考虑自己如何教、教什么；教学对象性设计主要考虑学生应如何学、学什么；教学互动设计则主要考虑学与教、学与学如何相互适应的问题[①]。"

（二）设计行为的过程

人类自觉性活动包括设计行为、实施行为和反思行为，三者处于互动状态，可见设计行为是人类自觉性活动的一个环节，可以存在于事先、事中和事后，其本身是一个过程。从设计行为本身的过程看，设计是为创造某种具有实际效用的新事物而进行的探究过程，包括对一个不完善的情境的探索，发现并解决一个或几个问题，详细说明导致有效变化的途径，这种探究能力是可以进行训练的。由此可以把设计看作是一种发现、反思的活动，系统、持续的探究。

设计的这种特性突出体现在复杂的人类活动之中，比如人类的教学活动，一般而言事先会有预案，事中会有调整，事后会有反思，调整和反思的结果可以形成新的预案。需要指出的是，这种事先设计是结果性设计（预设性设计）、事中设计（生成性设计）和事后设计（反思性设计）是过程性设计，教学设计活动是这两种设计的综合，强调设计的预设、生成和反思。

（三）设计行为的情境

自古以来，人类活动总是存在于特定的情境之中。从传播学的角度看，人类活动是情境系统与本体系统的信息交流，其中情境系统可分为以下两类。

1. 外部情境系统

外部情境系统是指本体系统的相关因素构成，如课堂教学存在于特定学校，教师教学与学校文化存在着信息互动，不同学校的教学各有特色，这种特色在一定程度上反映出了不同学校存在的文化差异。

2. 内部情境系统

内部情境系统是由与子系统相关的其他子系统构成，如课堂教学系

---

① 夏家发. 小学语文教学设计与案例研究［J］. 北京：科学出版社，2012 年.

统中，教师本身是子系统，教材、学生、教学设施等是与教师相关的子系统，这些子系统给教师的教学行为带来了不同程度上的影响。也可以说，教师系统与教材、学生、教学设施系统存在着信息互动，从传播学的角度看，设计是基于特定目的，对于情境与系统的信息交流的调控行为，可分为以下两类。

（1）境遇性教学设计

境遇性教学设计是基于教学情境的预设、生成、反思，又称生成性教学设计，教学情境比较复杂。

第一，从教学文化背景看，教学存在于特定的思想、制度、技术情境。

第二，从教学资源背景看，教学存在于特定的、复杂的资源环境中，这种处境一方面要求教师学会与各种资源打交道，另一方面要求教师在综合考虑外部情境和内部情境的特点和需求的前提下，进行教学设计。

第三，从教学空间看，教学存在于特定的社区、学校、课堂的现实与虚拟情境中。

第四，从教学的参与者看，教学存在于特定的人际情境中，社会各界人士如学生、教师、家长等都不同程度地参与到教学活动中。需要注意的是，在人际情境里，教师尤其要学会与学生打交道。

（2）去情境教学设计

去情境教学设计是指不考虑教学情境的需求，仅按照教科书知识及相关资源的逻辑所进行的设计，又称预设性教学设计。去情境教学设计为一线教师和学生提供了指令性、建议性和支撑性的教学方案，但需要指出的是，只有与教学情境需要进行互动磨合，去情境教学设计才能有效介入教学过程。

（四）设计行为的意图

系统可以分为有序系统和无序系统，设计旨在促进情境和系统的有序性，因此我们可以把设计行为看成为一种扰动。基于设计与系统的关系，系统目的具有不同的意识程度，据此可将系统分为两种系统。第一，自觉系统。自觉系统是自觉利用情境对系统实施的有目的的扰动，这种扰动对系统可以起到双重作用。第二，自发系统。自发系统是目的的意识程度低，没有人为扰动、自然生成的系统，又称为自组织行为系统。需要指出的是，这两种系统均具有自组织行为，如教学行为习惯可以看成一种自组织行为，教学习惯本身就涵盖着行为目的，即意识程度低的行为倾向。

另外，就系统的自组织行为而言，设计行为可分为两类。第一，无为设计。无为设计是指协调情境对系统的扰动，由系统内在的自组织行为自主达成其目的。第二，有为设计。有为设计是指自觉利用情境对系统的自组织行为和自觉行为实施的有目的的扰动。

作为人类自我传承、反思、创新的复杂活动，教学活动也可以分为无为设计和有为设计。第一，教学的无为设计是指基于结构良好的课程资源，为了完成自动化学习任务，教师在进行教学设计时，应尽量遵循学生学习的自身规律，通过学生的自主学习，达成预定的学习目标。第二，教学的有为设计是指教师基于课程资源的具体情况，为了完成控制性学习任务，为达到帮助学生学习的目的而进行的教学系统安排。

教师在进行教学设计时，应该适时建构生态设计理念，自觉追求无为设计、境遇性设计、过程性设计和互动设计的有机结合。

二、教学设计

（一）教学设计的定义

关于教学设计的定义，不同学者从不同角度给出了不同的定义，这使得教学设计的定义显现出异彩纷呈的特点。下面列举几个社会认可度较高的定义。

史密斯和雷根认为，教学设计是"把学习与教学的原理转换成教学材料、活动、信息资源和评价方案的系统化和反思性的过程[①]。"

何克抗认为,"教学设计是运用系统方法,将学习理论与教学理论的原理转换成对教学目标(或教学目的)、教学条件、教学方法、教学评价等教学环节进行具体计划的系统化过程[②]。"

肯普认为,教学设计就是运用系统方法分析研究教学过程中相互联系的各部分的问题和需求,在连续模式中确立解决它们的方法与步骤,然后评价教学成果的系统计划过程[③]。

乌美娜认为,"教学设计作为一个系统计划的过程,是应用系统方法研究、探索教学系统中各个要素之间的关系,并通过一套具体的操作程序来协调配置,使各要素有机结合以完成教学系统的功能[④]。"

加涅认为,教学系统是对资源和步骤做出安排以促进学习的过程,因此"对用以促进学习的资源和步骤的安排"就是教学设计。狄克与凯瑞指出,"教学设计"一词包括教学系统开发过程的所有阶段(分析、设计、开发、实施和评价),"设计"一词既指整个过程,也指其一个主要的子过程。它是一套帮助教师系统化的准备教学、对教学系统做出决策的方法。[⑤]

综上所述,可以把教学设计定义为:教师围绕特定的教学内容和特定的课堂教学情境,生成一定的教学目标要求,整合教科书、相关的教学资源以及教学意见,并根据学生个体的特点,预先制订教学策略、教学思路、教学过程和教学方法、手段的综合方案。可以说,教学设计是教师的基本专业技能,是教师上课前所做的一切准备工作,教学设计水平直接影响教学活动中"教"与"学"的质量。

---

① 裴新宁. 现代教学设计的概念与特征 [J]. 开放教育研究,2005 (2):65—70.
② 夏家发. 小学语文教学设计与案例研究 [M]. 北京:科学出版社,2012 年.
③ 裴新宁. 现代教学设计的概念与特征 [J]. 开放教育研究,2005 (2):65—70.
④ 乌美娜. 教学设计 [M]. 北京:高等教育出版社,1994 年.
⑤ 裴新宁. 现代教学设计的概念与特征 [J]. 开放教育研究,2005 (2):65—70.

（二）教学设计的基本特点

1．实践性和综合性

在进行教学设计时，教师应整体考虑知识与能力、情感态度与价值观、过程与方法的综合。尤其注意在开展教学活动的过程中，要努力改进课程教学。

当代教育提倡启发式、讨论式教学，这就要求教师尊重学生的个性，在传授知识的同时培养学生的思考能力和创新意识。同时还要求教师充分利用学校、家庭和社区等教育资源，沟通课堂内外的学习空间，开展综合性学习活动，增加学生实践的机会，增强学生在学习过程中的体验。

2．规律性和主体性

由于学生生理、心理及语言能力的发展呈现阶段性特征，不同内容的教学也有各自的特点和规律，在进行教学设计时，教师应根据不同阶段学生的特点和不同的教学内容，采取合适的教学策略，以顺利完成教学任务。

3．互动性和互惠性

教学活动的开展和进行需建立在师生平等对话的基础上。教师和学生都是教学活动的参与者，在教学过程中，师生关系应保持一种平等、理解、双向的关系。

学生是学习的主体。在开展教学活动时，应致力于"激发学生的学习兴趣，注重培养学生自主学习的意识和习惯，为学生创造良好的自主学习情境，尊重学生的个体差异，鼓励学生选择适合自己的学习方式①。"

教师是学习活动的组织者和引导者。在开展教学活动时，教师应转变观念，与时俱进，不断汲取新知识，提高自身的综合素养。教学活动需要教师和学生共同探求和体验，教师应创造性地理解和使用教材，积

---

① 冯铁山．新课程教学设计与技能训练［M］．北京：清华大学出版社，2012.

极开发课程资源。作为课程的有机构成部分，学生也要参与课程的开发。此外，教师要灵活运用多种教学策略，实现师生之间的双向互动和多向互动，使师生共识、共享、共进。

4. 道德性和审美性

培养学生高尚的道德情操和健康的审美情趣，帮助学生树立正确的价值观和积极的人生态度，是教学活动的主要内容和重要任务，应把这些内容有机地渗透到教学过程和内容中。另外，教师在进行日常的教学时，也应把这些内容贯穿到课程教学内容中，对学生进行熏陶感染，以起到潜移默化的效果。

三、小学语文教学设计

（一）小学语文教学设计的内涵

教师应努力吸纳各种教学设计资源，聚焦于小学语文教学设计。关于小学语文教学设计的内涵可以从以下两方面加以阐述。

第一，从教师行为看，小学语文教学设计是指为了保障教学目标的顺利实现和教学活动的顺利实施，教师基于自己的教学经验、理念和学生特征，运筹课程资源，为学生创设一定的学习情境，制订出合适的教学计划。

第二，从学生行为看，作为教学活动中的主体，学生可以在小学语文教学设计中，充分表达自己的学习意愿和需求，展示自己对教学内容的积累和理解，从而对教学的进程起到一定的积极作用。

综上，所谓小学语文教学设计就是指在小学语文课上课之前，教师基于特定的教学情境，根据教材内容及学生的具体情况，以传播理论、系统论等多学科理论为基础，运用学习理论和教学理论的观点和方法，有序安排教学事件，反思与调整教学进程，形成具有可行性的教学活动方案。

小学语文教学设计的理论和实践表明，一线教师特别需要和欢迎具有实践关怀，切合特定学习情境、特定教学内容、特定学生群体和个体的教学建议。

（二）小学语文教学设计的一般程序

小学语文教学设计的一般程序主要由以下基本环节组成。

1．明确教学目标

语文教学目标是语文教学的方向，是教学设计的出发点和归宿，也是评价教学是否有效的直接依据。只有具体了解和准确把握了教学目标，才能制定出能够指导教学活动顺利开展的教学设计方案。一般来说，语文教学目标的确定，需要研读课程标准的精神、明确课程的基本理念，掌握语文学科的性质特点，分析语文教与学的实际水平。

2．确立指导思想

理论是行动的先导，任何教学设计都需要一定的教学思想和理论指导，教学设计与指导思想圆融互摄。在设计教学的过程中，应注意紧扣指导思想，增强设计的科学性，使语文课程成为工具性与人文性的统一。

3．分析学生特点

学生是教学设计的起点和归宿。在设计教学的过程中，应明确教学对象行为的主体是学生，有机把握学生群体、个体的特点，增强教学设计的针对性。

4．钻研教学内容

教师对教材钻研的程度对教师处理教学材料以及所采取的呈现方式起着决定性作用。因此，为了更好地进行教学设计，教师在钻研教材时，不仅要确定教材的重点、难点，还要根据教学目标、教学指导思想以及学生的需要，确定教材的创新点。

5．设计教学程序

教学程序是教学设计的核心内容，是完成教学目标的步骤和过程。任何教学设计都具有一套独特的操作程序和步骤。

6．确定板书设计（课件）

板书设计是通过分析、总结和理论化提升，得出教学设计的简要表述。

（三）小学语文教学设计的基本方法

教学设计依赖于一定的教学理论和教师的经验、直觉、创造力，属于一种高度创造性的活动。"教无定法，教学有法"。根据不同的教学内容、教学对象以及执教师的学识，小学语文教学设计呈现出多种方法。对初登讲台的小学教师而言，为培养和提高设计教学的能力，可以从以下三种方法入手。

1. 理论—演绎法

理论—演绎法是指从相关的教育理论中直接推出有关的教学模式，然后在教学实践检验的基础上发展成为一种新的教学模式。

2. 经验—直觉法

经验—直觉法是指"在长期的实践中，经过反复的摸索和体会，不断积累经验知识，形成某种教学结构模式，并经过直觉构思，建构出规范的模式操作程序，从而在实践中进一步推广应用，并逐步形成某种定型的结构模式"①。

3. 借鉴—创新法

借鉴—创新法是通过类比、借用、改造别人或其他学科的教学模式，从而创造出新的教学模式。

第二节　小学语文教学设计的类型及其价值取向

一、小学语文教学设计的类型

进入 21 世纪以来，我国把"全面推行素质教育"作为参与世界竞争的战略性决策，素质教育的理念内核是"创新"，这种创新是以教师与学生的身心的充分自由发展为前提的，完全符合人类寻求自由发展和

---

① 冯铁山. 新课程教学设计与技能训练［M］. 北京：清华大学出版社，2012.

社会进步的历史潮流。基于此，教师、学生与其他教育工作者首先应该自觉地迎接素质教育理念的挑战，在素质教育理念的指导下，根据不同的角度将小学语文教学设计进行科学、合理的分类。

（一）根据教学目标的特性进行分类

根据教学目标的特性，可以将小学语文教学设计分为行为控制、认知发展和人格形成这三种教学设计模式。

在教学实践中，行为控制、认知发展和人格形成是教学过程中不可或缺的组成部分。在进行教学设计时，教师应着眼于人的全面和谐发展的统筹考虑。

（二）根据课程的内容维度进行分类

根据课程的内容维度，可以将小学语文教学设计分为以下两类。

第一，小学语文学科教学设计。小学语文学科教学设计是围绕语文学科知识、技能的训练对教学进程的预先筹划。

第二，小学语文综合性学习设计。小学语文综合性学习设计主要包括语文研究性学习、语文社区服务和语文社会实践等。

（三）根据教学设计的技术背景进行分类

根据教学设计的技术背景，可以将小学语文教学设计分为以纸质媒体为主的小学语文教学设计、网络环境下的小学语文教学设计、现实虚拟交互情境下的小学语文教学设计。其中，以纸质媒体为主的小学语文教学设计是我国现阶段小学教育中主要应用的教学设计。

（四）根据教学设计的组织程度进行分类

根据教学设计的组织程度，可以将小学语文教学设计分为以下两类。

第一，目标预定式小学语文教学设计。目标预定式小学语文教学设计追求教学过程的科学化和严密性，其核心是"控制"。它以科学主义心理学为理论基础，指向对环境的控制和管理。

第二，自主生成式小学语文教学设计。自主生成式小学语文教学设计追求教学过程的人性化，其核心是"创新"。它以后现代人文主义为理论基础，指向的是人的多样化和完整性的发展。

（五）根据教师参与设计的程度进行分类

根据教师参与设计的程度，可以将小学语文教学设计分为忠实执行类、参与创制类、相互调适类。其中，忠实执行类是我国现阶段小学教育中主要采取的教学设计，这种模式有助于忠实贯彻课程计划和课程标准。随着基础教育课程和教学改革的不断发展，参与创制类、相互调适类教学设计将逐步成为小学语文教学设计的主要形式。

（六）根据学生参与教学设计的程度进行分类

根据学生参与教学设计的程度，可以将小学语文教学设计分为以下三类。

第一，以教师为主的小学语文教学设计。以教师为主的小学语文教学设计是指教师洞察学情，依据课程标准、教科书进行课程目标及其内容的任务分析，确定教学目标、内容、策略、方法和步骤，学生无权也没有合适的路径参与教学设计，表达学习愿望。我国现阶段以这种教学设计为主。

第二，以学生为主的小学语文教学设计。以学生为主的小学语文教学设计是指学生在教学活动中自主设计语文学习的目标、内容和方法，教师基本不参与到教学设计中，只是起着启迪和帮助学生学习的作用，如启迪学生清晰、充分地表达自己对教学的愿望、需求和建议，帮助学生规划实现学习愿望的可行路径。

第三，师生互动的小学语文教学设计。师生互动的小学语文教学设计是指在教师和学生同时参与教学活动，在分析任务、确定教学目标、内容和方法的过程中相互商量。学生积极听取教师的指导和意见，教师也积极参考学生的建议和看法。

（七）根据时间维度进行分类

根据时间维度，可以将小学语文教学设计分为以下两类。

第一，短程教学设计。短程教学设计是在教学之前对所教教材的单元和课文的一种预先筹划，主要由教师个人负责。

第二，长程教学设计。长程教学设计是指年段、学年和学期教学设计。在我国现阶段小学语文教育中，这种设计属于课程设计和实施范畴，主要由课程专家和教师团体来完成。

二、小学语文教学设计的价值取向

（一）促进小学生的语文学习

在进行小学语文教学设计时，教师应该深刻意识到学习是意图性很强的活动，是意义丰富的活动，是学习者的主动建构活动，是真实性、反思性的活动，是与环境资源的给养互惠，是协作性活动，即"对话"，也就是必须为促进小学生的语文学习而设计教学活动。同时，教师在进行小学语文教学设计时，也应该明晰教学的目标和任务、激发学生学习语文的兴趣和动机，让学生运用自己的知识去解决真实场景中的问题，认识到教学的价值及其与生活的关联性。

（二）把握小学语文学习内容的特质

由于知识的学科特质不同，教学活动的知识展开过程就各有特色，因此在进行小学语文教学设计时，教师应把握小学语文学习内容的特质，明晰小学语文学习内容的价值诉求。小学语文学习内容属于综合性人文科学的范畴，具有感悟知识的属性，且承载着重要的民族精神和价值诉求，适宜于采取非定程性思维的学习方式。

（三）注重学习情境的特质

任何教学活动都是发生在特定的学习情境之中，设计学习情境是小学语文教学设计的主要工作之一。小学语文教学的内容是以抽象的文字呈现的，小学生的思维方式却是具体形象的，因此小学语文教学设计尤其要注重学习情境的设计。小学语文教师设计的学习情境，应具有如下特质。

第一，提供真实世界的、基于案例的学习情境。

第二，避免过分简化的教学，应表现真实世界的本质复杂性。

第三，强调通过社会协商的方式支持协作性的知识建构。

第四，呈现真实性的任务，亦即提倡情境化的教学。

第五，重视情境和内容特定的知识建构活动。

第六，提供对现实的多元表征。

第七，重视知识的建构。

第八，重视培养学习者的反思性实践。

（四）为教学活动提供支撑

小学语文教师具备相应的学科教学以及关于学习者的专门知识，是小学语文教学设计的"首席专家"，能够设计出良好的小学语文教学设计方案，为教学活动提供支持，并且促进学生对学科知识意义的建构。

小学语文教师主要承担小学语文课程知识内容及结构的设计，对学生的分析和设计方案的实施与评价。但若要使小学语文教师胜任一名设计者的工作，还须一段成长过程。小学语文教学设计是教师团队的协作行为，他们要不断地吸收先进的学习理论、设计理论与技术，并将这些理论与技术与自己的实践知识相结合，转化为可以共享和迁移的设计知识。此外，为了使小学语文教学设计更好地为教学活动提供支持，小学语文教师应该积极引导学生参与设计的过程，与学生的积极互动可以使设计方案趋于完善。

（五）促进小学语文教学的有效进行

有效的教学必定是预设与生成的辩证统一。一方面，课堂教学是有规律的，有效的教学来自教师的精心预设；另一方面，课堂教学又是动态的，有效的教学还要充分利用随机生成的教育时机和教育资源。因此，在进行小学语文教学设计时，教师应认识到预设与生成相辅相成、缺一不可。课堂因预设而高效、因生成而升华，把握好预设和生成的关系，才能保证设计出的教学方案能够促进小学语文教学的有效进行。

第六章　小学语文课堂教学管理

第一节　小学语文课堂教学的影响因素

一、教师因素

（一）教师的教学观念

《小学语文新课程标准》倡导充分尊重学生的主体地位，鼓励学生自主、合作、探究。教师的教学观念在很大程度上决定了教师教学的模式以及教学的效果。教师应与时俱进，积极学习《小学语文新课程标准》，用先进的教学理念武装自己，不断优化小学语文的教学效果。

（二）教师专业知识水平和教学能力

精深的语文学科专业知识，是一名小学语文教师必备的基本素养。只有学科知识达到专业化，才能对教学内容处理的得心应手，科学合理。新手教师应在教育教学实践中不断积累沉淀、反思总结，根据学生的心理特点和发展规律，来学习心理学知识。

教学能力的形成是在教学实践和体验中不断积累和成长的。大部分教师往往在听完一些教师的课后，不禁赞叹道："他的课上得真好，完全和学生融为一体，教学水平真高！"这样的课堂教学效果，肯定要好一些。教师深入钻研教材，合理设计教学过程和环节，并将教学内容生动地展现出来，这与教师平常的锻炼与努力是分不开的。因此，教师专业知识水平和教学能力，是影响小学语文课堂教学管理的重要因素，教师应树立终身学习的理念，不断提高自身素质。

（三）教师的教学设计能力

教师的教学设计能力，也是影响小学语文课堂教学管理的因素。语文教师课前的备课与教学目标的设计，能够直接影响到课堂教学。备课要首先把握本单元的教学目标，深入研究教材，在分析学情的基础上选择合适的教学组织方式和方法，同时要写课时教案。教师备课翔实精优，那就要在目标和教材上深入进行研究，挖掘出更多有价值的问题和创新内容，而且在每个环节中是用讲授法还是讨论法，是小组合作还是独立完成，都做了提前的预设。只有这样，课堂教学才能环环相扣，紧凑协调。

（四）教师与学生的关系

平等、尊重、信任、理解、友好、和谐的师生关系，能够给学生充分发挥的空间。社会文化理论和活动理论认为，学习是一种主动建构知识的过程。因此，师生关系的好坏，影响着小学语文课堂教学管理的效果。

（五）教师的教学反思意识

教师的反思意识是指教师在教育实践中反思的意向和愿望，就是教师对反思所持有的内部观念，这种观念指引着教师反思的实际活动。在一次又一次的教学反思中，教师之间也可以互相学习，促进交流，不断优化小学语文课堂教学管理的效率。

（六）教师的评价与激励

教师的评价对学生的学习能够及时地诊断、反馈问题，并起到激励指导的作用。若教师的评价侧重考试成绩，那么学生就会更加注重分数；若教师的评价侧重能力提升，那么学生就会更加注重参与、合作探究；若教师评价侧重人格和品质的养成，那么学生就会注重自己的思想品质。

二、学生因素

由于生理条件、生活环境和所受教育程度的不同，学生身上会出现发展方向、发展速度和发展方式等差异。学生的学习兴趣、学习动机和态度、认知风格、人格和自主参与的积极性，都是影响课堂教学有效性的因素。是否认识和了解学生之间存在的差异，是影响课堂教学有效性的重要条件。

（一）学生的学习兴趣

学习兴趣是促进学生学习的兴奋剂，对课堂教学有效性的影响是至关重要的。带着兴趣走进语文课堂，学生总是会满脸笑容，这说明他们喜爱这样的课堂。带着愉悦积极的态度来学习，学生自然就会主动去学，积极投入，主动思考，乐于展示。他们并不害怕教师，而是与教师成为朋友。你举手，我发言；你动手，我操练。学生都能发挥自己的个性特长，竞相参与。

（二）学生的学习动机和态度

具有积极的学习动机的学生，也拥有很强的责任感和充沛的精力，会为了克服困难获得成功而不断努力，从而调动了他们积极性和内在潜力。自信心强，勇敢的学生对待学习的态度也十分端正，能够积极地面对问题，主动完成任务。

（三）学生的认知风格

个体在进行信息加工时的心理倾向不同，就产生了不同的认知风格，包括场独立型和场依存型、沉思型和冲动型。场独立型的学生在复杂的周边环境中，可以简便地区分自我或特定的物体。相反，场依存型的学生却存在一定难度。场依存型的学生更倾向于学习环境中具有社会性因素的问题，能够顺利有效地完成小组任务，他们对文学、历史等学科感兴趣。场依存型的学生更加喜欢小学语文课程的学习，并在语文课上表现突出，能根据教师的问题进行小组讨论探究，而场独立的学生在语文课程的学习上有所欠缺。

（四）学生的人格

1. 气质类型差异

气质无好坏，每个人的气质都是不同的，每种气质也是不同的，每种气质的类型又有典型性特征。

2. 性格类型差异

性格差异主要表现为性格类型的差异。性格类型是指在某一类人身上共同具有的某些性格特征的独特组合，学生在学习、工作和生活中表现出不同的性格。外向型的学生乐于助人，开朗大方，在课堂上勇于发言，独立性强，对教师布置的任务能够独立自主地去完成。内向型的学生十分安静，常常一个人待在教室，在课堂上也十分安静。从小组活动时，他们比较沉闷。从课堂表现中我们可以看出，大部分学生，有时候表现得比较外向，有时候表现得相对内向。

（五）学生自主参与的积极性

教学要面向学生，关注学生的主体性，发挥学生的主动性，从而通过学生参与实践来提高学生的创造能力并挖掘学生的智力潜能。学生自主参与的积极性，对课堂教学有效性产生十分重要影响。

三、教学组织方式及教学条件因素

（一）教学组织方式

根据专家研究和教学实践表明，在 40 分钟的课堂上，学生能听教师讲授的时间仅占 25 分钟左右。那么剩余的 15 分钟教师要怎样合理地安排利用，才能使得课堂教学发挥它的有效性呢？这就要求在小学语文教学中，教师应创新教学理念，丰富教学方法。例如，在习作课上，运用观察法和体验法教学；在常规课上，运用演示法和实验法；在阅读课时，采用读书指导法、朗读法、摘抄等形式，灵活运用，多元设计。

（二）教学条件

学校的自然环境、教学设施、图书馆、美化和师资配备，都属于教学条件支持的范畴。校园建设、操场建设、文体馆、图书馆、教室设施、多媒体实验室和语音教室等的完善与配备质量，直接影响着课堂教学的有效性。在语文课堂上，学生和教师对多媒体的应用、计算机的使用、动手操作能力及学生的阅读水平等，都影响到语文课堂教学的有效性。对学生来讲，学校的物质环境具有美育功能。有效的环境要面向全体学生，并且环境应该轻松舒适，对教与学有益，教学材料充足。班级中的温度、空气质量、色彩搭配和设施布局等，都要适合学生的年龄和班级的人数。整个环境应整齐有序，学习资料便于取拿，座位摆放应宽松适宜并关注到每一位学生。精神的熏陶，是渗透在每个身处环境中学生的每个毛孔的，学生置身于此学习环境中，在与环境的交互作用中，不断地将环境中的客观事物内化为自己头脑中的图式。反过来，这些图式又在不断地指导着学生的行为反应，增进学生有修养、积极的行为表现。教师应时刻观察学生，了解学生的观点，帮助学生创设情景，使学生重新调整他们的看法。因此，学校和教师应根据小学生的特点，为他们的语文学习创设良好的教学条件，增强小学生对语文学科学习的兴趣。

第二节　小学语文课堂教学的策略

一、构建良好的语文教学环境

教学环境是小学语文生态课堂的重要组成部分。良好的课堂生态环境，应具有舒适、自由、和谐的特点。合理布局各种环境要素，有利于学生身心发展达到最佳状态，使师生保持良好的情感，形成小学语文课堂所需要的教学情境，对师生形成潜移默化的影响。

（一）创设舒适、自由的学习氛围

小学语文生态课堂环境，包括物质环境和精神环境。在课堂物质环境方面，从整体上要求教室要有足够的空间、有适度的光线和照明、适宜的温度、适当的色彩、噪音干扰小，还要有适度的班级规模和合理的座位安排。例如，要适当减小班级规模，扩大学生个人的活动空间，使师生之间有均等的交流机会，学生的学习积极性才会提高。另外，在座位编排上，教师要根据教学内容特点，以促进学生发展为目的，灵活地进行座位安排。教师可以恰当地选用扇形、圆形、小组式等座位排列方式。例如，扇形排列，能给每个学生提供相等的机会参与课堂，圆形排列，能促进师生及生生之间平等交流，适合小学语文课堂讨论式教学；小组式排列，有利于培养学生合作学习的能力，增进学生之间的情感，适合小学语文探究式教学。

课堂精神环境包括班风、班纪、班级文化和人际环境等，对形成良好的语文学习气氛有重要的作用。例如，树立良好的班风，能让学生有明确的学习目标，激发学生强烈的学习动机，促进学生之间互助学习，师生之间教学相长；制定民主的班纪，有利于规范学生的行为习惯，维护班级秩序；教室设置图书角，设计个性黑板报等形成独特的班级文化，净化学生的心灵；教师的教学热情、学生愉快的学习心境，会影响教学效果，因此，课堂物质环境和精神环境要统一，共同作用于小学语文课堂教学，进而营造良好的学习氛围。

（二）注重教学用具的丰富多样

小学语文教材中的文本内容生动形象，小学生以直观、形象的思维为主。教师要依据教学内容的特点以及小学生思维能力的特点，灵活运用各种教学用具，为学生营造生动的语文教学情境，把抽象的语言文字形象化，让学生感受体验课文描写的画面，激发学生内心的情感，促进学生更深入地理解文本内容。

教师可以用音乐渲染情境，适当地播放与课文内容相近的音乐，能刺激学生的听觉，唤起学生的情感共鸣，感受作品渗透的思想情感。例如，《伯牙绝弦》描写了俞伯牙和钟子期之间深厚的友谊，是千古传诵的至交典范。在教学前，可播放《高山流水》曲，先让学生静静地欣赏吟听，然后教师可由音乐引进本课的主题，从而拉近学生与文本的距离。

教师还可以用图画展示情境。小学生习惯通过直观的事物了解周围的世界，所以教师要恰当地运用图画教学。形象的画面，能调动学生的好奇心，激发学生的想象力。以《爬山虎的脚》为例，为了让学生更好地了解爬山虎，教师可以准备一幅爬山虎的挂图，让学生细心观察爬山虎的叶子、脚的位置、形状、特点等，并把图画与文本结合，引导学生想象爬山虎是怎样爬的。课文内容通过图画呈现出来，更容易让小学生接受理解。

教师还可以用实物展现情境，实物包括真实的原型实物和模拟的替代实物。以《画杨桃》为例，有些学生对杨桃并不熟悉，教师可以准备几个杨桃，让学生先仔细观察再写生，看看处在不同位置的学生画出的杨桃是怎样的。这样为学生创设自主体验的情境，使学生切身领会到课文所表达的，从不同角度看同一事物会有不同的结果的思想。

此外，教师还可以用多媒体丰富情境。教师要充分利用多媒体图文、声像并茂的特点，为小学语文课堂营造某种气氛和情调，调动学生的视听觉器官，引导学生融入情境。例如，《小桥流水人家》主要描绘了家乡小桥流水的美景及家乡人民的幸福生活。在导入时，教师可以运用多媒体播放江南水乡的各种图片，配以轻音乐《小桥流水》，让学生在动听的音乐中对小桥流水有初步的感性认识，为学生的进一步学习课文做一个良好的铺垫。

二、建立民主平等的师生关系

教师和学生是小学语文生态课堂的生态主体，师生关系、生生关系是其中重要的人际关系。小学语文生态课堂是能焕发学生生命活力的课堂，是能促进师生共同发展的课堂，而要形成这样的课堂，必须构建和谐的人际关系，为创设师生融洽和睦、情理交融、心灵互动的情感环境奠定基础。

（一）理解和尊重学生

良好的师生关系是推动小学语文生态课堂稳定的重要因素。虽然师生各自在生态系统中的位置和作用不同，但是两者是同等重要的课堂生态主体，师生的人格、地位、价值等都是平等的。为了拉近彼此的心灵距离，形成积极的情感氛围，进而实现和谐共生、共同发展。教师要理解和尊重学生，课堂上不要一味地以讲授式教学，要在对话中引导学生发现问题，在共同讨论中解决问题，教师要学会倾听学生的见解，学会站在学生的视角看待问题，体会学生的感受，与其产生共鸣，增强学生的自信心，促使他们积极参与课堂。教师要以平等的观念对待学生，课堂上多与学生互动，要给每个学生均等的发言机会，让学生做学习的主人，充分激发学生自主学习的积极性，使其获得成功的学习体验。教师要善于用积极的言语赞美学生，每个学生都渴望得到教师的表扬，当教师的语言、动作、表情和眼神传达出对学生的赞赏和鼓励时，学生会产生一股振奋的力量，进而学习情绪高涨，学习兴趣提高。总之，小学语文生态课堂建立在平等、和谐的师生关系基础上，这样才能维持课堂生态稳定。

（二）注重合作交流

在小学语文课堂中，要建立和谐的人际关系，除了师生之间良好互动，还需要生生之间的友好交流。学生是课堂生态系统中最活跃的生态因子，他们的良好关系会对课堂生态产生积极的影响，有利于课堂生态的健康发展。建立友好的生生关系，需要学生和教师共同努力。

首先，学生要树立正确的学习观，乐于与同学交流，学会合作学习。由于学生的学习能力、态度和习惯等不同，因而在学习结果上存在差异。因此，要改善学生之间的关系，需要学生认识到与同学之间的合作互助学习能促使共同进步，有共同目标的合作学习可以使自己的思维活跃，通过互相沟通，吸收对方的有用见解，实现知识互补，并且合作学习能增进同学间了解和信任，拉近彼此间的距离。

其次，教师要为形成友好的生生关系创设条件。例如，通过小组合作交流，让学生以小组为单位，在课堂上主动与同学探究问题，鼓励每个学生积极参与，发挥他们的主动性和创造性，促进学生之间友好合作。教师可以让学生围绕某个问题，让其与同桌进行交流对话，增进同桌之间的互助学习氛围。教师还可以根据教学内容特点，让学生用表演和对话展现教学内容，让扮演不同角色的学生，在一定的教学情境中相互交流。

通过表演和对话，可以体现在小学语文生态课堂中，师生、生生之间平等友好的关系。教师把学习的主动权还给学生，可以让学生先合作交流，交流完后以新闻发布会的形式给予学生充分表现自己的机会，让学生成为语文课堂的主人。全班学生都积极准备，全身心投入，主体性参与很高。学生在轻松愉悦的课堂气氛中，无拘无束地表达自己的想法，而教师也以平等的身份参与其中，不仅拉近了师生之间的距离，也激发了学生的创新性思维。课堂呈现出师生合作、生生合作、平等交流的和谐局面，使学生在问答中激活思维，在对话讨论中提高语言表达能力。

三、丰富语文教学内容

丰富的教学内容是构成小学语文生态课堂的重要因素，因此小学语文教师可以通过融生活于教学，引发情感共鸣，并结合文本内容，渗透人文教育和树立大语文思想，拓展学习资源，丰富所学内容。

（一）融生活于教学，引发情感共鸣

生活是语文课堂的源头活水，小学语文生态课堂的教学内容不局限于教科书，而是以课本内容为基础，延伸到学生生活的各个领域，拓展教学资源，实现语文教学内容生活化。著名的教育家叶圣陶提出"生活即教育"，即生活中充满着各种具有教育意义的资源，教师要结合生活进行教学。小学语文课本内容与自然、社会生活更加贴近，因此学习课文时要尽量联系生活实际来帮助学生理解和感悟。教师要善于把学生的生活体验引入课堂，并与所学的文本内容相结合。在解读文本的过程中，引导学生回想类似的生活经历，使学生产生强烈的情感共鸣，这样的小学语文课堂才能更加贴近学生生活，走进学生心灵，激活学生的学习热情，从而更深刻地感受丰富的课文语言、情感、人物形象等，领会课文中蕴含的真正意蕴。教师把语文与学生充满生命体验的生活相融，

使小学语文生态课堂变成展示学生多彩生活的舞台，调动学生的学习兴趣，促进学生的语言和精神世界的共同成长。

教师可以把课本内容与学生生活相联系，使学生融入充满友情的生活世界，让学生置身充满生活气息的情境。学生带着自己的生活感悟理解文本内容，拉近了学生与文本的距离。如在《纸船和风筝》教学中，教师可以让学生联系自己生活中的事情谈谈自己现在的想法。这一环节紧扣文章内容延伸到学生生活，能引发学生的情感共鸣，让学生表达自己的真情实感，从而使他们懂得在生活中要关爱伙伴，珍惜友情的道理，有利于学生个性品质的健康发展。

（二）结合文本内容，渗透人文教育

小学阶段是进行人文教育的关键时期，小学语文在培养学生的人文精神方面发挥着重大的作用，而小学语文生态课堂是在传授知识的同时渗透人文教育，让学生在潜移默化中，受到文学感染、完善人格、陶冶性情，养成良好的审美情趣，确立正确的价值观，形成积极的人生态度。在小学语文教材中，包含着许多文质兼美的文章，这些文章具有丰富的思想内容，蕴含着深刻的人文内涵。例如，热爱祖国、赞美山川、珍惜友谊、感恩母爱、爱护亲人、学习优秀品质、发扬传统文化等。要把文本内容与人文教育结合，就要在教学前准确、深入地解读文章，仔细咀嚼、揣摩、品味文章的语言文字，体会作者的深厚情感，这样才能更好地引导学生感受文章中蕴涵的人文思想。同时，教师要尊重学生的自主体验，让学生通过自主阅读体会文本内容深刻意蕴，感受文本的真情实感，从而进一步感悟到文本的人文内涵。因此，小学语文生态课堂要把人文教育渗透到教学内容中，小学语文教师需要细心挖掘语文文本的人文思想、人文情感和人文精神，使学生在充满人文性的课堂中受到熏陶，形成良好的品性。

教师可以让学生在读懂课文的基础上，自由说说课文中人物的特点，目的是让学生在自主领会文章内容后，在自由表达中，感受到任务的精神，体会到人与人之间深刻的情谊。让学生与人物进行对话，能够激发学生内心的真实情感，使学生对人物的高贵品质产生敬佩之情，同时在潜移默化中懂得了与之相关的人生道理。最后，学生结合自己的生活实际叙说自己的感想，进一步使学生认识到优秀品质的可贵。教师让学生从课文内容中感受人物的高贵品质，使学生在自主感悟中受到人文思想的感染，净化自身的心灵。

（三）树立大语文思想，拓宽学习资源

为了拓宽学生的学习资源，提升学生的语文能力，小学语文教师要树立大语文思想，克服语文课堂的封闭僵化，合理开发生活中蕴含的人文、自然和社会等语文教育资源，并将其恰当地引入课堂，从而丰富学生的思想。教师可以采取以下三种方法，充实小学语文教学内容。

1．课内外语文相结合

在课外的生活学习中，学生会遇到各种问题或有趣的事情。如果教师把其中一些与语文课堂相关的事件引入课堂，不仅会丰富语文学习内容，而且会调动学生的学习积极性。例如，针对学生的课外活动、学习等经历，进行口语交际和写作的训练；把学生看电视电影、听广播、课外阅读等遇到的问题，引入课堂讨论。

2．注重学科间的相互联系

小学语文与其他学科存在相互依赖的关系，在教学时，教师可以适当地与其他学科相融来进行教学。例如，在学习一年级课文《四季》时，教师可让学生在课前用彩笔画一幅自己喜欢的季节图，课堂上让学生介绍自己画的景色。这样不仅把语文与美术相结合，而且能锻炼学生的动手实践能力，提高学生的语言表达能力。

3．加强校内外的交流

教师可以带领学生到校外去调查、访谈、参观等，在课内可以举行报告会，提升学生的说话能力，或者让学生充分利用报刊、图书和互联网等途径，搜集与语文课文内容相关的资料，在课内进行相互交流，拓宽学生的知识面。如为了让学生更好地认识秋天的特征，一位小学语文教师带领学生到校园内去观察秋天的景色，并让学生收集自己喜欢的树

叶，随时接受教师的采访。于是，学生们兴致勃勃地细心挑选着自己心中最特别的树叶。当学生都收集完后，教师让学生回到教室开动脑筋，把捡来的秋叶拼成自己喜欢的图画，这时学生很兴奋并立刻动起手来，一边想象一边拼着自己构思的画面。十多分钟过去了，学生陆陆续续完成了自己的作品，教师就让学生用简单的话语描述自己创作的新图画，顿时许多学生都迫不及待地想介绍自己的作品。"我把树叶拼成了一只金色的蝴蝶，还用长树叶当作草丛，蝴蝶在草丛中飞舞。""我把树叶拼成了一架小飞机，又在旁边画了几朵白云，小飞机在天空中自由地飞着。"

在案例中，这位小学语文教师充分利用校内资源，开展了一次有意义的教学活动。把课内外语文相结合，丰富了教学内容，拓宽了学生的学习空间。教师根据小学生的年龄特点及认知规律，设计了"捡树叶"的环节，让学生在玩中收集自己喜欢的秋叶。学生在寻找的过程中，逐渐了解到秋叶的特点，并感受到秋叶的美，在无形中培养了学生善于观察、发现美的能力。在"拼图画"的环节，教师让学生把捡来的树叶拼成自己想象的图画，学生积极性很高，每个学生都努力构思自己的作品。这样有利于激活学生的创新思维，开发学生的想象力。最后，教师要学生展示作品并介绍自己的图画，学生踊跃发言，说得有声有色，言语间表达了对秋叶的喜爱，有利于提升学生的语言表达能力。

四、构建开放的语文教学过程

在小学语文生态课堂中，师生以平等的姿态相互交流对话，教师在维护自身主导地位的同时，也尊重学生的主体性，在关注课堂生成、注重学生自主感悟和鼓励质疑探究的基础上，实现开放性教学。

（一）关注生成，尊重个性理解

小学语文生态课堂，实现教学开放的重要条件是关注课堂教学的生成。生成性课堂是教师、学生和文本等多种因素之间互动的过程，它促进学生思维与习惯、知识与技能不断构建，同时也呈现了教师的教学机制，有利于充分发挥师生双方的积极性，使整个课堂充满生命活力。小学语文课文的丰富性，使课堂教学存在多种生成的可能。每个学生都是独特的生命个体，学生之间的差异促使课堂呈现丰富多变的特点。因而小学语文教师在教学过程中，要根据学生的实际，善于捕捉有效的生成信息，并灵活处理和利用这些资源，形成新的探究点，让学生积极动手、动脑和动口。例如，在小学语文阅读教学中，由于学生对文本的认识不同、所站的角度不同，在同一篇文章中，他们的理解及感受会有差异。在教学过程中，教师要尊重学生的个性理解，鼓励学生提出与众不同的看法，让学生把自己真实的阅读体验及感受表达出来。

在小学语文生态课堂开放的教学过程中，当学生回答的答案与教师的预设不一致时，教师没有遵循预设，而是给予学生自由表达权，微笑并耐心地倾听着学生的独特看法，表现了教师尊重学生的个性理解。教师应充分发挥自身的组织者和引导者的角色，灵活地利用学生的见解生成新的话题，让学生充分发挥自身的主动性，积极思考、大胆发言，使整个课堂气氛活跃起来。从而促使学生在激烈的讨论中激发自身的潜能，交流自己的新思想，提升自己的语言表达能力。

（二）注重自主感悟，品味文学艺术

小学语文生态课堂尊重学生自主学习的权利，注重让学生在学习过程中自主感悟，获得学习体验，体现了教学的开放性。让学生在主动积极的思维和情感活动中，加深理解和体验，有所感悟和思考，受到情感熏陶，获得思想启迪，享受审美乐趣。教师不再替代学生解读文本，而是在平等对话的氛围中，在尊重学生独特体验的前提下，做适当的点拨引导，使学生能够不脱离文本实际做出创造性解读。在学习过程中，学生潜心阅读教材中的文本，仔细思考并揣摩课文言语的内涵，咀嚼课文言语的韵味，感受课文中流露的情感，领悟文中蕴含的深刻道理等，让学生融入自己的情感品味文学艺术，不仅能激发学生的生命活力，而且能提高学生的语文学习能力。

在教学中，教师应把学习的主动权交给学生，给学生提供自主学习的空间和自由，以自读、自悟的方式让学生品味文章的词句。课堂上的教学气氛和谐融洽，教师尊重学生的阅读感受，让学生畅所欲言，学生大胆地把自己的感悟体会表达出来，教师让学生自由想象课文中描述的画面，呈现自主领悟的文本情境，进一步发挥了学生的主体性，满足了学生自我实现的心理需要，使其体验到语文学习的乐趣，这充分体现了小学语文生态课堂开放的教学过程。

（三）鼓励学生质疑探究，激活思维

小学语文生态课堂十分重视学生质疑探究的能力，这也是形成开放教学的重要因素。自主质疑体现了尊重学生的主体地位，自主探究可让学生在实践中自己解决问题。陶行知在教学中主张"一是解放他的头脑，使他能想；二是解放他的双手，使他能干；三是解放他的眼睛，使他能看；四是解放他的嘴，使他能谈；五是解放他的空间，使他能到大自然、大社会里取得更丰富的学问；六是解放他的时间，要给他一些空闲的时间消化所学，并且学一点他自己渴望要学的学问，干一点他自己高兴干的事情。"因而，小学语文教师应根据小学生对世界充满好奇、好问的特点，充分利用语文课堂，积极鼓励学生自主质疑，善于发现，勇于探究。这样才能激发学生的求知欲，促使其主动参与学习，培养学生发现问题和解决问题的能力，激活学生的思维，促进学生主动发展。

在教学中，面对学生的疑问，教师不应采取回避的态度，而应尊重低年级学生好奇心强、爱提问的特点，让他们大胆质疑，提出问题。面对学生的疑惑，教师可以让学生亲自上台做实验，为学生提供自主探究的机会，学生在实践、观察、思考和交流的过程中解决了问题，充分发挥了自主性，教师则成为学生解疑释疑的引导者。正是教师鼓励学生自主质疑探究，学生才积极思考，开动脑筋，敢问敢做，有利于培养学生的问题意识，激活思维。通过创设情境，让学生主动探究，不但使学生深入地理解了课文内容，而且有利于培养学生的观察能力，体现了小学语文生态课堂开放、自主性。

五、建立多元教学评价体系

教学评价，是小学语文课堂生态系统的重要组成部分。传统的教学评价注重教师评价，以考试的方式考查学生的学习效果，以公开课的形式评价教师的教学能力，这些评价具有一定局限性，不能全面客观地反映教师的"教"和学生的"学"。小学语文生态课堂作为一个微观系统，在评价主体、评价内容和评价方式上，应该多样化，形成多元的语文课堂教学评价体系，推动师生共同发展。

（一）评价主体多元化

教师和学生是小学语文生态课堂的生态主体。小学语文生态课堂遵循民主公正的原则，尊重每一个生命个体的存在价值，注重从整体性和全面性的角度出发，主张评价主体多元化，以有效综合多元主体的建议去改进课堂教学。学生是小学语文课堂的主要参与者和体验者，教师应该尊重学生的主体性，给予学生话语权，发挥学生的主动性，让他们一同参与教学评价。教师要善于倾听学生的真实感受和想法，针对其提出的意见改进教学设计，优化课堂教学，从而使小学语文课堂切合学生的实际需求和发展。另外，可以广泛吸收懂得语文教学规律的不同层次的人员参加教学评价，听取不同主体的评价信息作为参考和借鉴，才能使教师的教学能力得到不断提高。

（二）评价内容多面化

小学语文生态课堂是能够促进师生共同发展的课堂，教学评价的对象主要是教师和学生。由于师生各自的发展具有多元性，因而评价内容应呈现多面性特点。要从多方面对教师进行评价，如从教学观念、教学态度、敬业精神、教学总结、业务学习、听课记录和教育科研等方面进行评价，这样才能全面了解教师各方面的能力素质，有利于教师针对自身不足进行有效改进，从而提升自身的教学水平，促进教师专业能力的发展。对学生的评价，不要以考试分数高低作为衡量学生学习能力高低的标准，而要关注学生的全面发展，把知识的积累、学习能力、学习方法、学习态度和个人的价值观等，作为评价的内容，从多个角度对学生进行全面综合的评价，促进学生在知、情、意、行等方面的协调发展。

（三）评价方式多样

小学语文生态课堂主张评价方式多样，适应了生态主体发展多元化的特点，符合生态化教学理念的要求。在评价教师的"教"和学生的"学"的效果上，可以采用教师评价、学生评价、师生互评和生生互评等多种方式评价课堂教学。同时，要把总结性评价与形成性评价相结合，特别注重形成性评价。例如，用观察法对学生的听、说、读、写能力进行评价，教师在课堂上尽量让学生多表现自己，让学生多参与课堂活动，教师要注意观察学生学习状态并做相应的评价；用成长记录的方法评价学生的学习过程，要根据学生平时的学习表现、学生的个人小结与反思、学生的作业、师生的评价、家长的评价等，收集学生的学习信息进行全面评价。另外，定性评价与定量评价相结合，更强调定性评价。评价方式的多样性，有利于全面了解教师的教和学生的学习状况，完善课堂教学，有效地促进师生共同发展。

第七章　小学语文教学与班级管理

第一节　班级管理工作介绍

一、班级管理工作的概念

班级是一种组织，因而需要管理。班级管理活动既是实现班级教育目标的必要条件，也是实现教育目标的途径。但是关于班级管理的含义，目前尚未形成一种绝对标准的界定，也没有统一的定义。一般来说，班级管理是以班级为载体的教育管理。关于班级管理的研究，是较为系统的，许多学者对此提出了自己的见解。

在许多关于班级管理的研究中，都强调管理的服务功能，如为学生的学习及其他活动提供良好的环境及秩序保障等。这里将班级管理工作定义为班主任、任课教师和学生等与班级有关的人员共同处理班级事务，为了既定目标，在民主协商的基础上，通过组织、沟通、协调和评价等手段，形成正确的集体舆论，建立完善的组织结构，合理的规章制度，提供良好的学习环境与条件，使学生主动、全面和个性化发展的一系列管理活动。

二、班级管理工作的内容

（一）组建良好的班集体

1. 提出明确的班级奋斗目标

班级奋斗目标，是指班主任、班级任课教师和全体学生在一定时期，期望取得的成就和结果。明确的班级奋斗目标，是良好班集体形成的基本条件。有了它,班集体就有了前进的方向和动力。一个良好的班集体,应该具有切实可行的班级奋斗目标,这样才能够使不同的学生走到一起,成为一个整体并形成强大的合力。

班级奋斗目标既应体现国家对各学年教育的基本要求,也要集中反映班级的实际情况和师生的共同愿望。班级奋斗目标可以由班主任与班干部商议后,全班学生讨论通过,也可以由班主任提出明确的班级奋斗目标,对全班学生提出具体要求。无论采用何种形式,目的都是让全班每一位学生认识到自己是班集体中的一员,以增强学生的集体荣誉感,形成团结向上的良好班风。

班级奋斗目标一般包括近期的、中期的和远期的。例如,一位班主任在接一个新的年级时,明确提出班级的近期目标是搞好课堂纪律,中期目标是成为优秀班,远期目标是形成团结、向上、勤奋、朴素的良好班风,形成博学、慎思、明辨的浓厚学风。经过努力,使学生成长为品德高尚、成绩优异、全面发展的优秀人才。

2. 加强班集体的组织建设

班集体的组织建设,一是指班级组织机构的健全和完善;二是指班干部和骨干队伍的形成与培养。班级的组织机构,一般由班委会和少先队中队组成。班委会设班长、副班长、学习委员、体育委员和文艺委员各一名,少先队中队设书记和副书记各一名。上述班级组织分担着班级的思想组织建设和行政管理两大职能,两者的活动不能截然分开。

班干部和骨干队伍是班集体的中坚和支柱。通过他们团结、带动其他集体成员,开展集体工作。班干部是创建班集体的重要组织者,这些"小领袖"式的学生干部,作为同龄人,在班级中的作用往往是班主任不可替代的。他们的模范带头作用,对于创建班集体是极为重要的。因此,选拔和培养好班干部和骨干队伍,使之形成坚强的集体核心,是班集体建设的一件大事。在一个班集体中,可以成为班干部的积极分子越多,集体的自我教育作用就越强,集体的发展水平就越高。

3. 发挥制度和规定的作用

"没有规矩，不成方圆"，在班级管理中，班主任一方面要引导学生学习和遵守中小学生守则和行为规范，同时还必须详细地讲解学校的各项规章制度、纪律要求和奖惩措施。在班级管理中，规章制度管理必须与学生的自我管理相结合。学生既是接受管理的客体，又是进行管理的主体。只有当学生高度自理并积极参与管理时，才能达到班级管理的最佳效果。实践证明，不失时机地对学生提出科学合理的行为要求，并通过正确的教育引导和训练，就能够逐步将管理目标转化为集体的价值观和集体的习惯与传统，进而形成训练有素的班风。班主任可以根据班级实际情况，在全体成员的参与下，制定若干合理、可行的具体条例与规定，如班级公约、课堂常规、学习纪律和卫生公约等，以引导和规范班集体成员的日常道德和学习等行为习惯。

4. 重视班集体的舆论建设

班集体舆论，就是在班级中占优势、为大多数学生赞同并愿意接受的言论和意见。它以议论或褒贬等形式，肯定或否定班集体成员的言行，成为控制个人或班集体发展的一种力量。积极、正确的舆论，能起到明辨是非、奖善罚恶、凝聚人心和催人奋进的促进作用，而消极、错误的言论，则会起到混淆是非、涣散人心和腐化风气的不良作用。正确的舆论是一种巨大的教育力量，在正确舆论的面前，班集体成员会自觉地调节个人与班集体的关系，改变与之不相适应的思想和行为，从而促进每个学生的健康成长。因此，班集体建设的一个重要任务，就是努力培养健康向上的集体舆论，使之成为进行道德评价和学生实现自我教育的有效手段，加速良好班集体的形成和发展。

（二）教导学生学好功课

"亲其师，信其道"，博学才能为师。在教学过程中，教师应善用自己的思想引领课堂，自觉地把教室视为教育教学的试验田，不断学习先进的教学理念和教学方法，注重因材施教、分层教学和个别辅导，关注每一个学生，激扬每一个思想，重视每一个细节，彰显师者的用心，塑造人文的课堂、动感的课堂和智慧的课堂。应在学习方法、学习品质以及学习重难点的查补上做出创新，积极地寻求学生知识的增长点。应在课堂上，发挥学生的主观能动性，让其成为课堂的主人，调动其学习的积极性，让其感受到收获的快乐、学习的快乐，从而提高自己的教学水平，真正做到教学相长。教师要力争把每一堂课设计得精彩、高效，学生踊跃参与，课堂轻松活跃，气氛融洽和谐，知识深入浅出。通过教学实践，逐步形成自己独特的教学方法，从而促进学生能力的培养。要用灵活多变的教学方法，使枯燥的政治课堂变得有活力、期盼和收获。在具体的教学实践中，教师应从以下三个方面加强对学生学习的指导。

1. 制定学习计划

制定的学习计划应当全面、具体，除了要安排好具体的学习时间，还要安排好锻炼身体的时间、娱乐时间等。这样才能保证学生的全面发展，才能使学习生活丰富多彩。教师要引导学生安排好常规学习时间和自由学习时间，使学生在完成基本学习任务的同时，不断提高自主学习的能力。在制定学习计划时，要注意长期计划和短期计划的结合，这样有助于学生循序渐进地完成预期的学习目标。学习计划的制定，应以学生自身学习的实际情况为依据，避免出现学习任务过重或过轻的状况。在学习计划的执行过程中，学习的各种条件可能会发生各种变化，这就要求学习计划的制定要具有一定的灵活性，要留有机动时间，目标也不要订得过高，以适应教学中临时变化的情况，提高学生学习的效率。

2. 具备良好的听课心理

教学质量的高低，与学生的听课心理有着十分密切的关系。教师要引导学生具备良好的听课心理。第一，求知心理。求知心理是人最基本的心理特征，也是推动学生学习的内部动力。教师应根据学生的未知心理，满足他们的求知欲望。第二，求趣心理。兴趣是一个人倾向于注意认识某一事物和研究某一事物的一种心理活动，是学生学习积极性中最现实、最活跃的心理因素。教师要善于把握学生的求趣心理，激发学生学习的兴趣。第三，求实心理。学生总是希望在课堂上学到实用价值高的内容，这就要求教师联系生活实际，精选教学方法，让学生在短暂的课堂上，听到最精炼的讲解，学到最精要的知识和技能。第四，求同心理。求同性是人的心理需求之一，缺少求同性，学生就不能有效发挥其主体作用，就不能使其活泼地发展。教师应关注每一位学生的发展，建立民主平等的师生关系，让每一个学生都积极地参与学习活动。第五，求成心理。成功感是一种积极的情感，它能满足学生自我实现的高层次追求。在教学中，教师可以实施分层教学，让不同水平的学生都能体验成功的喜悦，增强学习的自信心。

3. 重视学习方法的指导

教师对学生进行学法指导，要遵循四个方面的要求。第一，激发学生的自主精神。教师应帮助学生树立自主学习意识，保持自我学习的精神，充分发挥学生的主体作用。第二，充分研究学生的学情。学情包括学习目的、学习态度、学习情感和学习意志等，指导学生学习应与研究学生学情充分结合起来。第三，尊重学生的认识规律。教师进行学法指导，应注意让学生从丰富的感性材料出发，通过直观教学，进而抽象出公式、概念、定义和法则等。第四，重点抓学习的细节。比如，抓导入，听出中心；抓新授，筛出重点、难点和最深感受点；抓练习，举一反三等。这就要求学生听课以听为主，多种感官协同作战，听清楚、听明白、听完整，听看、听想、听说、听答、听读、听记结合。

（三）组织班级开展活动

教师组织班级活动的基本要求，包括以下五个方面的内容。

1. 目的明确，计划周密

班级活动要有针对性，明确为什么要开展这次班会活动，期望达到什么结果。周密的计划包括两个方面：一是每次班会活动都要纳入班级工作计划，要落实班会的主题、时间和负责组织的人员等；二是对每一次班会活动进行精心设计，包括教育主题的选择、活动的构思、活动的准备和班会的程序等。

2. 充分调动学生的积极性

没有学生在班会或主题班会中的积极性，班会活动就不能有效地进行。教师要和学生一起研究，从班会的选题、设计和准备到主持活动的展开，都应以学生为主，让他们通过实践，增长智慧与才干，培养学生的自主精神和自我教育能力。

3. 活动应具备科学性和思想性

班级活动的内容要充分体现科学性，并且对学生要富有教育意义。通过班级活动，使学生能开阔视野，增长见识和才干，促进学生的思想向积极的方向发展。

4. 活动要有创新性

班级活动的内容要随着客观形势的变化而变化，这样班级的发展才能不断有所创新，才能不断丰富和充实。例如，爱祖国和爱集体的主题不变，但应有新内容和新材料，这是班级活动创造性的根本。

5. 形式要新颖、灵活、多样

班级活动应适应青少年活泼好动，要求求知、求新、求美、求乐，这样才能为学生所喜爱，才能形成一种欢乐、轻松、和谐的环境，使学生在潜移默化中受到教育和熏陶。另外，教师设计组织教育活动还应考虑其他的一些要求，如开放性、趣味性、知识性、时代性、序列性、实用性和时效性等。

第二节　小学语文教学与班级管理的关系

一、小学语文教学与班级管理的联系

（一）目的相似

小学语文教学和班级管理的目的具有相似性。在小学班级管理上，应提倡以人为本的根本原则，这是每个小学教学的最终目的，也是现代学校的最核心教学理念。"以人为本"的思想，从根本上注重了人的教育。而这一点在小学语文的许多文章的内容上不谋而合，课本上的文章让学生学习一种对生活充满积极向上、充满活力的态度，在日常生活学习中，养成一种独立思考和严格自律的习惯。而班级的管理就是为了培养小学生自我管理意识，提高学生的积极性，管理他们如何在班级里成为好学生，培养他们在学习中严于律己，在生活中做诚信的人。在小学语文的课文中，有许多正面的人物形象也为班级管理提供了很好的效仿对象，所以小学语文教学与班级管理目的相似。

（二）相辅相成

小学生年龄尚小，学习能力有限，对事物的认识具有片面性，还不具备正确判断事物的能力。因此，在班级管理过程中，小学生还不能理解班级管理的重要性，导致班级管理出现问题，从而影响课堂教学效果。可以说，小学班级管理是否到位，也会影响小学语文课堂教学的有效性。小学语文课堂教学的目的是使学生掌握语文基础知识，提高学生的语文素养。然而如果在教学过程中，仅仅是为学生讲解课文，向学生灌输理论性的知识，有时候学生很难理解和接受。所以要培养学生的语文素养，还需要将理论与实践相结合。如果课堂教学太过于死板，在课堂教学中，小学生很难真正体会教学内容。因此将课本知识与教学管理相结合，在班级管理中运用语文知识，就会让学生养成良好的学习习惯，学生将班级管理看作是语文学习的实践基地。在班级的管理中表现语文知识，更有利于两者相辅相成，达到理想的教学管理效果。

在学生的成长过程中，小学语文教学和小学班级管理都能起到很重要的作用，帮助学生树立正确的世界观、人生观和价值观。因此，将小学语文教学和班级管理结合起来，能够为学生未来的成长和发展奠定坚实的基础，促进学生全面发展。

二、小学语文教学与班级管理关系的意义

在小学阶段，学生的世界观、人生观和价值观尚未进入成熟发展时期，其对外界事物的判断往往会受到家长和教师的影响。所以在小学阶

段的班主任管理过程中，应适当地将班主任管理与语文教学相融合，从而培养学生的人文素养和对事物的判断能力。当前我国小学教学提出了新的发展要求，要求教师在教学实践中，除了应该向学生讲解基础知识外，还要引导学生树立正确的世界观、人生观和价值观，培养学生的人文素养，让学生能够保持积极健康的学习态度，完成小学阶段的学习。因此，在小学教育阶段，班主任应该注意将小学语文教学与班级管理相结合，进一步提升学生的管理效果，为学生综合素质的培养创造条件。只有在保证学生基础知识学习成效的基础上，对学生实施人格教育和情感引导，班级管理的效果才能够得到凸显，为学生健康成长提供相应的保障。

（一）创造良好的学习氛围

小学生的认知能力是有限的，但他们也有自己的感情。语文教学中的许多文章都是用情感打动人的，这些也是大多数学生在学习的过程中对语文比较喜欢的原因。因此，在平时的班级管理中，教师要能够借鉴语文课本中的知识做到用情去打动学生。无论在平时的学习还是现实生活中，教师都要时刻做到关爱学生，公平地对待学生，为学生创造出一个良好学习的氛围。

不管哪科教师，都有对学生进行管理的职责。作为语文教师，要注意语文教学与班级管理两者的关系。在教学和管理上，相互融合，通过教学去启发和带动班级管理，就能在语文教学方面和班级管理方面的实践中，让语文教学同班级管理产生良性循环，实现语文教学对班级管理的管理功能，同时又能促进语文教学效果。基于此，语文教师可以有针对性地在班级开展一些对学生身心健康有益且有意义的活动。例如，"欢度国庆"的活动、"知识就是力量"的主题班会、"美化我们的校园，保护地球的环境从我身边做起"的实践活动、"学习雷锋精神"宣传海报的创办活动等。

教师要关爱自己的学生，让他们感受到温暖，提高他们学习上的积极性。那么，班级里也会充满温情，班级管理就会更加得心应手。

（二）促进班级管理工作的展开

从表面上看，语文教师的工作内容和班主任班级管理的工作内容具有较大的差异。语文教师旨在提升学生的语文成绩，而班主任要做好班级管理的各项工作，促进学生身心健康、学习成绩和综合素养的全面提升，做好班级的教育者、组织者和服务者，负责每个学生的思想和生活，保证完成学校的各项班级工作任务。但从本质上来说，两者之间具有密切的联系，同为教育工作，都要对学生负责，促进学生全面发展。更为重要的是，语文教师借助自身有趣的语文故事、丰富的语文情感和深厚的人文元素，有助于提升班级管理工作的实效性。

1. 有利于班级文化建设

思想教育应注重知识性、趣味性、形象性、科学性和艺术性。所以语文教学有着双重的意义，不仅要帮学生养成语文素养，还要形成良好的思想品德，而且班级是学校教育活动进行的基本个体，其成员有班主任和学生以及各科教师，需要学生与教师共同努力来完成教学目标。班级文化建设主要有两个方面，一是制度方面，二是人文方面。在平常的管理中，教师有成文的制度管理，即涉及班级的教育教学方面的工作提出基本规范形式的要求。语文教学就是通过语文知识的传达，让学生更加聪明和睿智，这些又是认识以及创建一个班级文化氛围的保证。语文的人文性，能够在班级内体现出教育公正的思想，也是体现语文教学核心真、善、美的方式。

2. 有助于构建课堂软性环境

课堂软性环境，指的主要是课堂中占主体的情感方面的氛围，包含着师生的精神情绪和学生的学习兴趣。课堂氛围的好坏，直接影响学生在上课时的注意力和思考能力，以及回答教师问题时的解答能力。所以教师在语文教学中，可以构建课堂软性环境。这种语文教学不仅保证了师生之间的关系和谐，还保证了课堂气氛，提高了课堂教学效率。同时，让学生在愉悦的课堂中，吸收更多的课堂知识。总之要想提高小学语文课堂教学效率，就必须有一个良好的学习氛围和学习环境。而良好的学习环境，与整个班级的管理是分不开的。因此，应想方设法将小学阶段的语文教学活动与班级管理有机结合，为教学工作和学生未来的发展打下坚实的基础。同时，教育的最终目标是帮助学生树立积极的世界观、人生观和正确的价值观，所以语文教学与班级管理都起着非常重要的作用。

3. 有助于形成良好的班级秩序和班风

众所周知，每一个班级都是学生全体活动的基础。班级是学生在学校的主要学习天地，是学生交往活动的主要场所，是学生的另一个家。因此，在语文课堂上，教师应该调动班级里所有学生参与班级管理的积极性，共同建立良好的班级秩序和健康的班级风尚。一个好的班级秩序，决定着一个班级的总成绩。所以班级管理在小学语文教学中是至关重要的，所以必须高度重视。

4. 有助于增强班级凝聚力

语文教师或者班主任可以利用小组合作、语文活动等形式，让学生在教育活动中团结一心。小组合作教学形式可以让全班学生自主参与活动，共同进行合作探究、交流探讨，可以启迪学生，拓展思路，培养创新性思维。学生在解决问题时，有利于形成良好的人格，有助于教师与学生之间、学生与学生之间的认识和帮助，可以促进彼此全面发展，使得班级管理更加优化。积极地开展一些课外语文活动，可以增强班级凝聚力。在小学阶段，更应该重视激发学生对语文学习的兴趣，对学生加强基础方面的训练，培养他们良好的语文学习习惯。例如，要规范书写汉字，让学生广泛涉猎群书，积累阅读方面的经验，可以开展小组知识竞赛，如汉字书写、中华古诗词、成语接龙等活动，提高他们的识记能力。同时，教师又可以培养学生学习语文的兴趣，对培养小学生行为习惯以及良好的班风都大有裨益。活动使学生更加了解自身价值，使学生的情感变得丰富，彼此理解、彼此尊重、互相帮助，让班集体成为一个和谐融洽的大家庭。总而言之，小学语文教学如果想获得好的教学效果，就需要创造出一个良好的学习环境，整个班级都要形成正确、奋进、向上的学习氛围，并使小学语文教学与班级管理有效地融合，达到双赢。

5. 有利于建立良好的师生关系

在管理班级的时候，班主任要鼓励学生多进行沟通与合作。在课堂上，教师可以组织学习小组针对课堂内容开展讨论，让学生在小组讨论中，学会分工合作以及更好地掌握语文知识。合作交流不仅是学生与学生之间的交流，也是学生与教师之间的交流与沟通。这种轻松和谐的教学氛围，可以调动学生的学习积极性，建立良好的师生关系，进而提升语文课堂的教学效率。

（三）促进小学语文教学

1. 有助于激发学生的学习兴趣

兴趣，是激发人类进行一切学习活动的原始动力。想要提高教学质量，教师要对学生的兴趣有一个准确的切入点，然后利用学生的兴趣点，针对兴趣，制定相应的教学策略和教学计划，从而保证学生能够对语文的学习充满学习兴趣，激励学生对语文进行更加深入地学习，达到语文教学的高效性、有效性和实效性。通过兴趣教学，使得学生能够对于语文的学习由最初的不喜欢，甚至厌恶，逐步转化为有兴趣，甚至喜欢。兴趣作为学习的第一步，只有将学生的好奇心和兴趣激发出来，才能够从根本上提高语文课堂的质量。因此，在教学的开始，教师通常会利用学生的兴趣进行兴趣教学。例如，教师会通过猜字谜游戏让学生来猜测这一课的主题，还会通过一些有意思的课前游戏，抓住学生的注意力和好奇心，使学生以最快的速度进入课堂教学，为下一步深入的学习提供良好的气氛和心理基础，帮助学生养成集中注意力的好习惯。

小学语文教学内容相对比较轻松，所以在小学语文课堂上，安排一些学生感兴趣的小活动，能加强学生间的交流与沟通，能使学生加速对彼此了解和认识，同时使课堂气氛更活跃。教师在策划组织活动的过程中，可以充分利用这个机会，锻炼并提高学生的语言表达能力，激发学生的学习兴趣与热情。这样一来，既避免了教师的教学方法和手段过于单一、枯燥，也不会使学生因感到所学课程无聊而昏昏欲睡，没有任何学习激情与学习动力。

2．有助于锻炼学生的能力

在小学的班级里，都会存在最基本的人际交往和社会联系，也会存在一定的组织层次和工作分工。班级管理的重要功能，就是不仅要让学生成为学习自主、生活自理和工作自治的人，还要让学生进行社会角色的学习，更进一步认识社会、尝试适应社会，从而锻炼学生的能力，这些对于促进学生的人格成长也是极其重要的。

3．有助于提高学生的学习效率

班级管理的产生，主要是为了更加有效地实施小学语文教学中的教学活动。所以在小学语文的教学课堂上，要更好地运用各种教学手段，精心设计各种不同的教学活动引领学生。教师要学会组织、安排和协调各种不同类型学生的学习活动，这是班级管理主要功能之一。只有这样，才能更好地实现教学目标，提高教学质量，也能够提高学生的学习效率。

（四）促进小学生的全面发展

1．有助于小学生内在品质的塑造

受年龄的限制，小学生的思维还不够成熟。在小学阶段，接受语文知识的学习，可以在一定程度上帮助学生树立正确的世界观、人生观与价值观。因而，在日常的教学活动中，教师要创新教学方法，进而最大限度地调动学生的学习积极性，帮助学习塑造优良的内在品质。当前，在对小学生进行语文知识的教学过程中，需要注意两点要求。首先，在教学中，要通过朗诵课文的形式，来增强学生的记忆力；其次，教师要适当地对学生进行写作方面的练习。通过一定的写作训练学生，可以让学生对内心的情感进行表达，进而更好地丰富其内心世界。

2．有助于丰富小学生的情感

小学生的情感容易被影响，如果有情感世界的参与，他们对世界的认知将会更加具体、丰富。小学语文课本中的许多课文，都是精心挑选出来的名篇，语言浅显易懂而且生动形象富有感染力，能感染学生的情感世界。

小学语文教学与班主任管理的有效结合，不仅可以帮助学生更好地理解班主任的管理工作，还能丰富学生的情感世界。比如，班主任可以开展一个"感恩父母"的主题班会，让学生举手背诵已经学过的或者是自己知道的描写父母养育之恩的诗句。在背诵的过程中，学生不仅可以理解父母的不易，还会更加珍惜父母的养育之恩，进而促进学生良好品德的培养。

3. 能促进学生健康向上地发展

小学语文教学不仅有朗读课文和背诵课文，也有书写作文，还有实践交流与合作。语文教师如果能够走进学生的内心世界，就能充分了解学生的需求和思想感情。教学过程中的重要目标，是帮助学生树立正确的世界观、人生观、价值观和社会观。而小学语文教学与班级管理的有效结合，能更好地促进学生健康向上的发展，以便学生能更好地面向未来，朝着未来扬帆起航。

第三节　小学语文教学与班级管理的结合

语文课程是我国启蒙教育的重要组成部分，不仅能够培养学生的人文素养，还对小学生正确的世界观、人生观和价值观的形成产生极其重要的影响。因此，在学生管理的工作中，小学语文班主任可以适当地将班级管理与语文教学相结合，借助两者的合力，对学生实施高效的教育引导，为学生未来健康的成长提供坚实的保障。

一、在语文课堂教学中渗透德育教育

素质教育不仅要注重学生学习成绩的提高，帮助学生增长知识，还要培养学生道德素养，强化学生人文素养，帮助学生形成正确的世界观、人生观、价值观，并将这种人文教育力量融入班级管理过程中，形成一种内化的思想观念，以此来引导学生积极健康发展，优化班级管理实效。语文教学的一个重要内容就是培养学生高尚的道德情操和健康的审美情趣，促使学生形成正确的世界观、价值观、人生观和积极的人生态度。因此，教师要善于运用语文教学对学生进行思想道德教育。小学语文课本中的文章都是经过慎重选择的，其中包含了生活中的各种思想内容。教师要充分认识到语言教学中所蕴含的这些德育资源，把语文教学融合在班级管理中，润物细无声地感染学生，提高学生的思想认识。新课标中明确指出，小学语文教学的目标不仅包括语文基础知识的教育，同时还包括学生德育部分，也就是说，在小学语文教学中，还要对学生的思想、态度、情感、价值、品德进行教育。因此，小学语文教师在日常教学中应该采取多元化的教学手段，加强学生的德育工作。

（一）借助课文诵读对学生进行思想教育

小学生的思想还不够成熟，在教学实践中，需要小学语文教师引导学生进行课文朗读和背诵，从而进一步加深学生对这部分语文知识的印象。在小学语文课堂中，最主要的两个学习内容就是课文朗读和课文背诵。由于小学生正处于一个极其不稳定的状态，很容易受到外界因素影响，所以要采用朗读等教学形式来约束学生的思维状态，让学生能够集中注意力。在此基础上，教师应结合教学内容，在班级管理过程中对学生实施相应的思想教育和引导，让学生基于课文理解对管理工作形成更为深刻的思想认识，进而为班主任管理工作的优化开展提供相应的保障。

在进行课文朗读时，语文教师可以对朗读的内容进行一定的改变，加入一些思想教育的相关内容，让学生在朗读的过程中，加深对思想教育的记忆和理解。同时，这些思想教育内容要与班主任负责的管理内容挂钩，让学生在学习的过程中，了解纪律和管理等思想教育的重要性。通过课文朗读和背诵，不仅能帮助学生加深对课文的印象，还能帮助学生理解课文内容和文章表达的思想教育意义。

对于小学阶段的学生而言，其各方面思想观念还没有形成独立的边界。在小学语文教学中，教师要在教授课文内容时帮助学生形成思想观念边界，构建完善的思考体系。同时，作为一种教育意义明确的学科，语文教学是辅助班主任进行班级管理的有效手段，使学生自觉约束自身行为，养成认真学习的思想品格。对此，教师要重视课文朗读，利用朗读和背诵加深学生对语文课文内容的印象。同时，使学生更深刻地理解课文中的教育意义，实现小学语文的教育目的。

人的思想道德往往是建立在小时候的生活、学习和娱乐的环境这一基础上的，这就决定着小学时期往往是自身思想道德水平建立的重要阶段。因此，需要在小学教育的过程中，充分重视思想道德建设以及世界观、人生观和价值观的树立。在实际的教学过程中，除了开设思想道德课程外，还可以通过对语文教材中的经典文章进行背诵的方式，提高小学生思想道德水平。通过对课文的背诵，不但可以夯实学生自身的语言基础，还能够使其认识到文章中体现的良好的行为习惯和道德水平的重要性，进而在自身的学习和背诵过程中，逐渐养成良好行为习惯，提高思想道德水平。

（二）在文字练习中接受思想教育

小学语文教学与班主任班级管理的有效结合，还应该重视对文字练习的应用。让学生在对有重要意义段落进行分析的基础上，对相关内容加以仿写或进行独立写作，进而让学生更为深刻地学习其中蕴含的思想。在逐步提升学生思想认知的基础上，也对学生实施相应的思想教育和引导，为班级管理工作的良好开展提供相应的辅助。

俗语说得好："好记性不如烂笔头。"书写具有的作用是朗读、背诵和阅读不能代替的。在小学语文教学中，书写也占有很重要的地位。配合语文教学中的文字教学，选用具有思想教育意义的段落和句子，利用书写的方式，让学生加深对文字内容的理解，了解其表达的教育意义，具有重要作用。班主任对班级的管理工作，主要就是对学生进行思想教育，只要学生的思想教育效率得到提高，班级管理工作就能很好地完成。因此在小学语文教学的过程中，为了潜移默化地引导学生形成正确的思想观念，教师要重视文字练习内容，了解书写的无可替代性，加强书写教学，进而不断提高学生的语文书写能力。从本质上看，小学阶段的班主任管理工作主要是对学生进行思想教育，让学生形成正确的思想意识和良好的行为习惯，提高学生的综合素质。教师引导学生对具有教育意义的句子和段落进行书写，加深了学生对语文课文教育内容的理解，有助于辅助班主任进行班级管理工作，实现学生的全面发展。

（三）利用语文课文讲解对学生实施思想教育

利用语文课文讲解对学生实施思想教育，可以引导学生在成长过程中，树立正确的世界观、人生观和价值观，让学生能够正确地看待社会上的相关事物，进而让学生可以理解班主任的班级管理活动，为班级管理活动顺利进行创造条件，也为学生获得更好的发展奠定坚实的基础。

在日常教学当中，首先，语文教师可以通过与学生问答等方式，让学生对课文内容进行情感思考；其次，通过一定的引导手段，对学生进行相应的思想教育；最后，进行思考讲解，这样有助于学生的思想得到实质性的提升。而作为班主任，可以在提问时，适当地加入一些与班级管理有关的问题，让学生能够从实际出发，进行相应的思考，在一定程度上理解班主任的管理工作。

为了小学语文教育目的和管理目的的实现，教学要将管理理念和管理内容贯穿于小学语文教学内容中，促进小学语文教学与班主任管理工作的有效结合。教师要以素质教育为核心，积极地开展语文课堂教学，为学生营造良好的教育环境，激发学生对语文课堂教学活动的兴趣和参与积极性，使学生全身心地投入语文学习中，为素质教育的开展打下良好的基础。

（四）利用小故事让学生感悟哲理

在课堂教学开始前，教师可以先让学生根据学号或是座位排列，然后依次开展小故事的比赛。在这些小故事中，学生可以积累知识、体会经典，感受中国传统文化。例如，《大禹治水》《精卫填海》等小故事，让学生感受到"坚持"二字，做事时要不抛弃、不放弃。并且在教学中，教师要联系实际，用小故事中的大道理引导学生，鼓励学生从故事中学习到做人的本质。如《孔融让梨》让学生知道与人相处要学会谦让，谦虚礼让是成长中的必修课；《司马光砸缸》可以让学生认识到在遇到危险的时候、要保持冷静的头脑，不能惊慌，而要寻找有效的方法尽快脱离危险；《画蛇添足》让学生明白做事不能仅凭想象，而要结合生活实际，用事实说话，否则就会贻笑大方。在教学过程中，教师要正确引导学生体会这些小故事中的深刻含义，并鼓励他们将这些道理践行到生活中。

（五）实施情景教学

在教学实践中，情景教学是一种效果极佳的教学方法。它能够帮助学生应对教学内容，设定熟悉的情景，使学生融入其中，更好地理解教学内容。在日常教学中，教师会在课堂上给学生放映一些与教学内容有关，同时又能够对德育发展有帮助的教学视频。这样不仅能够吸引学生的注意力，还能够将学生带入其创设的情景中，让学生感同身受。这样能使学生在深入理解文章的同时，学习到优良的道德品质，树立正确的价值观，有助于班级形成良好的风气，对于整个班级的管理也会变得更加得心应手。

（六）优化语文课堂组织管理方法

课堂教学组织水平，可以从侧面反映出学生的学习情况和思想水平。作为班主任管理工作的辅助学科，语文可以结合学生的心理状况，营造轻松的课堂教学氛围。让学生在轻松自在的条件下接受教育，并将语文教育内化为语文素质，实现小学语文教育和班主任管理的最终目标。

教师可以引用分组教学的方式，重视主题阅读感受和体验，引导学生根据课文内容表达自己的想法与心得，提出自己的看法和疑问，并能运用合作的方式，共同探讨疑难问题。教师可以采用自主、合作、探究的教学模式，让学生在阅读中体味语言的美，学习语言的表达方式，实现素质教育与能力培养目的。

作为班主任，主要工作任务就是让班级上的每位学生都能够得到德、智、体、美、劳的全方位发展，加强对学生的素质教育和促进学生的身心全面健康的成长，使他们成为二十一世纪有远大理想、高尚品德的未来栋梁。而语文学科作为最基础的教育学科，同时也是最普及的学科，具有工具性和人文性两个特点。在日常教学活动中，语文教师要加强对学生的思想品德的教育和渗透，把握对学生思想层面的教育工作。当语文教师兼任班主任时，要注意日常的教学活动设计，在听、说、读、写等教学内容中，加入适当的品德教育，让学生能够在学习的过程中受到良好的品德教育，树立正确的世界观、人生观和价值观。作为班主任，要起到育人的职责，要时刻提醒自己的教育责任和使命。

（七）将语文课扩展成班会课

班会课是对学生进行品德教学的课程，而目前大多教师只讲课本，他们认为教材是经过专家认真筛选的，是体现新课程标准精神的官方载体。再加上现在教师评价体系的现状，就出现了以考试内容来进行授课的方式。但作为小学教育，语文教学更应该以人为本。教师要对语文课堂内容进行扩展，在潜移默化中进行德育教育，并且在语文阅读和写作教学中，要进行传统美德的倡导，要进行良好品质的赞扬，这样学生就能向着美好事物看齐，就能把语文课扩展成了班会课。这样的课堂有利于塑造学生纯净的心灵，使学生树立远大的理想，教导学生正确的做人、做事，有利于促进班级建设。

总之，知识教育和道德教育，是小学阶段语文教育的两个重要内容。在教育、教学的过程中，教师不仅需要对学生的基础性的语文知识进行教育，更需要对学生进行良好的道德教育，即情感价值以及思想态度的锻炼与提高。在担任班主任时，小学语文教师可以将小学语文教育中许多优势融入班级管理工作中。通过丰富的教学手段，对学生的道德教育进行有效的锻炼与强化，以此来实现学生综合素质的提升与进步，使学生的整体素质得到可持续的发展。

二、结合语文活动推进班级管理

小学生的年龄比较小，世界观、人生观与价值观都还没有发展成熟。作为班级的管理者，班主任可以通过开展各种语文教学活动，来帮助学生塑造内在的精神品质。小学语文学习的目的不仅是让学生对于一些基础知识进行了解和学习，还希望通过这些基础知识的学习，让学生掌握更多的知识，最终有助于学生扩大知识面和视野，加深学生对于人生的思考。同时，在学习中表现得更加灵活和创新，更好地适应环境，这就需要将小学语文教学活动与班主任的管理工作进行有效的结合。

（一）借助分组学习，推动班级管理工作

学习的目的不只是对某类基础知识的了解和学习，还是通过对这类基础知识的学习，让学生掌握更多知识，最后有利于学生拓宽其知识面和视野，加深学生对知识的思考，并且在学习中更创新和灵活。为了锻炼学生，在小学语文课堂教学的组织活动中，基于语文教学与班级管理的结合，教师可以组织学生开展分组学习活动。让学生在学习语文知识的过程中，能够互相帮助和理解；在团结协作中，完成语文知识的探索；在班级中，营造良好的学习氛围，为学生思想引导工作的开展提供相应的辅助，也为教师的学生管理工作的顺利进行创造条件。在教学中，教师可以采用分组教学法，让学生以小组为单位，给学生设定一个问题，让学生以该问题为切入点进行自由讨论，然后教师随机抽取学生，进行小组代表发言。通过这种方式，既能够帮助学生开拓思维，学会自主思考，也能够提高学生参与课堂的积极性和热情，还能够有效地提高学生的对于语言表达的技巧和运用能力。

分组教学是一种非常有效的教育教学方法。对于理解能力较差的小学生而言，通过分组讨论的方式，不仅能够激发其对于学习的兴趣，还能够保证良好的教学效果。作为教师，必须在班级管理中了解每一位学生的性格爱好，对其在学习中存在的问题进行解决，充分调动学生对于语文学习的兴趣，从而提升课堂教学的质量。与传统的教学方式相比，

分组教学有相当显著的优势。一方面，小学生本身的思想比较活跃，对于知识的理解能力各不相同，而且正处于性格爱好的形成阶段，爱好简单纯粹。在这种情况下，应用分组教学可以提高学生对于学习的主动性，培养团结协作精神。另一方面，分组教学可以帮助学生提高与他人的沟通和交流能力，培养其语言表达能力，满足素质教育对于培养学生综合素质的客观要求。

采用分组方式进行教学，需要因人而异，有针对性地对每个学生的学习情况进行了解，并要求提高学生对学习的积极性和主动性，达到提高教学水平的效果。根据人们的调查研究发现，分组讨论学习方式比传统的讲授学习方式更具优势。小学阶段是学生性格爱好培养时期，他们纯粹、简单，爱好各不相同，这时运用分组教学方式，可以提高学生的学习热情，有利于培养其团结协作的精神，发挥学生在学习中互帮互助、相互学习的能力。这种教学方式，蕴含着丰富的生活哲理，即学习就是生活。在学生的学习和生活中，提高学生与人交往、沟通和合作的能力，有利于培养学生的说话、表达等能力，这已经成为现代教育教学中重要的教学模式。

通过分组学习，可以让学生感受到相互帮助、相互友爱和合作的乐趣。教师可以选取趣味性较强且具有教育意义的课文，让学生分组进行角色表演。这样不仅能大大提高学生学习的兴趣和积极性，还能让学生在参与课堂活动中提高自信，增强集体责任感。

（二）结合学生的生活实际，开展班级管理工作

在小学语文教学中，基于语文教学与班级管理的有机结合，教师还应该进一步加强语文教学与生活实际的联系，让学生结合生活经验，对相关语文知识产生更为深刻的理解，逐步提升学生对于班主任班级管理工作的接受程度，促使班级管理工作得以顺利开展。

例如，在对朱自清的《春》进行讲解的过程中，可以组织学生进行郊游，让学生在感受春天气息、加深对大自然认识的同时，培养学生热爱自然的情感。同时，在组织学生郊游的过程中，合理地加入团队教

育，适当培养学生的集体责任感和团结意识，并基于此让学生能够在学校中自觉配合班主任的管理工作，为小学教育的良好开展奠定基础。

当今社会独生子女居多，大多数学生并不知道什么是集体，也不知道如何在集体中更好地生活。因此，为了能够使得班级真正地成为一个名副其实的班级，人们会积极组织学生进行集体活动。因为只有在集体活动当中，学生才能真正感受到集体荣誉感，更加直观地感受到班级的凝聚力，让学生从个体的自我主义中摆脱出来，成为一个有集体荣誉感、乐于助人、考虑他人的好学生。例如，教师可以组织小组之间的辩论比赛。通过这种团体游戏，让学生意识到团体的存在和重要性，以及集体荣誉感是一种什么样的感受，以此来增加学生的荣誉感，达到班级管理的目的。

在学生的学习和生活上，班主任的角色很重要。学生的日常生活和学习都需要班主任的参与，此时班主任不仅是教师，也是家长。在小学语文教学中，班主任需要善于观察学生的学习生活，对学生进行德、智、体、美、劳全方位的培养，让学生养成良好的行为习惯和思维模式。同时，教师还要融入学生的生活，通过给学生讲解一些语文经典素材，让学生联系实际生活，引导学生正确地面对生活中的困扰。

（三）积极开展各种课外活动

教师可以利用课堂或课余时间，组织学生开展各种活动，如诗歌朗诵比赛、收集剪报、做手抄报、开讨论会、演讲等。这些活动有助于丰富学生的语文知识和技能，提高学生的素质，使学生在潜移默化中得到思想的熏陶，激发他们积极向上的情感。每学期教师都要组织学生开展一次爱国篇章的演讲，既能让学生掌握朗读和演讲的技巧，又让学生感受到了祖国灿烂的文化，源远流长的历史，闻名遐迩的名胜，从而激发他们的爱国情感。

语文教学不仅仅局限于课堂，就好比语文学习内容不只有书写、背诵和理解，更有写作、交流以及真实生活的反映。语文教师可以通过深入了解学生的内心世界，对学生出现的问题"对症下药"。例如，可以组织学生参加春游和秋游活动，让学生更好地感受大自然，增加学生的交流和见识。在活动结束后，让学生写下关于自己所见所感的一篇游记。在郊游活动中，教师要积极地融入学生，主动和学生交流沟通，从而更好地了解学生的思想和情感。在郊游中，学生不拘于课堂形式的行为表现，掌握好这方面对班主任做好班级管理工作有非常重要的帮助。

在小学语文教学中，教师不仅要讲解课本内容，还要对课堂内容进行扩展。只有这样才能够开阔学生的视野，使学生在不知不觉中接受德育教育，引导学生增强自我约束意识。在小学语文课堂教学中，教师要倡导传统美德，赞扬良好品质。这样才有利于塑造学生纯净的心灵，使学生向着美好的事物看齐，学会正确做人、做事，为提升班级管理质量奠定基础。教师可以通过人物、景物和事件等，让学生感受亲情的温暖，感知大自然之恩。在朗读中体验情感，感受祖国的灿烂文化。没有情感体验，感恩教育就很难获得成功。只有增强学生的感恩记忆，提升学生的情感体验，才有利于增强学生的感恩意识，使学生学会感恩，不断提高自身修养。

三、充分挖掘语文教材中的教育资源

语文课是用来进行语文教学的，班会课是用来进行品德培养和品质塑造的。在语文教学活动中，教师应该引导学生在获取语文知识的同时，也得到思想品德的熏陶，受到真、善、美的感染。如果将语文教材中蕴含的教育内容再扩展，进行个性化的讲解，让它的内容更丰富，引发的思考更深刻，对学生的教育影响将更有效。

小学语文课本知识，有许多都涉及思想教育方面的内容。在日常的教学工作中，教师可以通过加强对这些课文的诵读，来培养学生的内在品质。当前，在我国小学语文课堂教学中，基于语文教学和班主任班级管理结合的理念，教师应该尝试性地将语文教材中的每一篇具有一定教育意义的范文都作为班级管理的教育范例进行讲解，为班主任班级管理工作的有效开展提供相应的辅助。同时由于语文教学与班主任班级管理存在一定的共通性，因此教师也可以适当将语文课堂中的活动课程以班会的形式开展，进而让教师通过课文的讲解，对学生实施思想教育，对课堂内容加以延伸，为班主任管理工作的开展创造条件，促使语文教学和班级管理融合的有效性得到充分发挥。

当然，语文教师不要局限于课本内容的讲解，而要注意对课文内容有目的性地进行延伸，将要对学生传授的思想教育通过课文延伸，能以生动和学生感兴趣的方式进行表达。小学教材具有的特性很容易延伸出思想教育内容，语文教师要好好抓住这一点，促进班级管理工作的展开。

单调的思想教育容易使学生感到枯燥，导致教育效果不理想。若是以例子来启发学生，从而引发学生进行深刻思考，则能将思想品德教育渗入学生内心，帮助学生树立正确的世界观、人生观和价值观。如果在教学过程中，只是将教学内容局限于书本，不进行适当的发散，那么这些经专家认真筛选的课文就失去了它们的意义。在现实教学中，受教师评价体系的限制，许多教师仅仅重视书本本身的内容，将教学与考试紧密联系在一起，这对学生的引导非常不利。教师应该担负起神圣的使命，为学生的长远发展考虑，竭尽全力，将书本课文内容向外延伸，使自己的课堂教学充满乐趣，富有个性，内容丰富，从而吸引学生的注意力。教师要引导学生进行思考，通过语文教学，塑造学生的优秀品质，培养学生的优良品德，充分发挥语文教学对学生的引导作用。

四、营造语文教学中的良好班风

作为班主任，小学语文教师应将学生管理工作贯彻到语文教学全过程中。对学生的言行、学习习惯和生活习惯加以管理，促进学生良好人格的树立。在教学中，积极探索行之有效的教学方式，培养学生的世界观、人生观和价值观，加强对学生的爱国主义的教育，为学生的未来发展奠定基础。

（一）树立良好的学风

作为学生，首要任务就是学习。在这一过程中，教师有责任和义务培养班级良好的学习风气，以促进学生进行积极、主动的学习，最终达到班级整体进步的学习目的。为了达到这一最终结果，教师应每周公布一次本周的学习表现优越者，作为学习之星，表扬其在学习上的优点和进步。对于学习退步的学生，可以私下里与其谈话，了解这一段时间学生退步的真正原因，并帮助学生予以解决，和学生成为朋友。通过这样的方式，让学生向优越者学习，达到整个班级积极向上的学风和班风。

（二）培养学生的团队意识

教师应引导学生树立团体意识，让学生懂得班级就是一个家庭。在语文教学中，有许多文章中的正面人物例子是能够对学生起到良好的激励作用的，当然也会有许多有关于团体的文章。作为语文教师和班主任，在教学过程中应充分利用课文中的例子和这种思想的渗透来告诉学生，我们是一个大家庭，是一个紧密联系的团体，让他们明白真正的班集体的意义。例如，当班上有学生因为意外情况而休学耽误功课时，教师可以在语文课堂上倡议全体学生给这位学生写信，来鼓励他早日回到课堂，并且帮助他补习，以免落下课程。在这种互相帮助和鼓励的氛围下，让学生意识到，班集体就是一个大家庭，不管其中的哪一个人遇到困难，学生都要力所能及地帮助他。

（三）培养学生的自律能力

由于小学生的年龄比较小，认知水平较低，性格上更为感性化，对纪律的认识程度低。因此在教学中，教师应着重培养学生的自律能力，加强与学生的互动交流，及时掌握学生的思想动态，从而对学生进行全方位的了。根据学生不同的实际情况，营造良好的班风。在良好班风的影响下，学生能够养成自律、自强、自爱的习惯。当然，教师本人的言行对班风的影响不容小觑。因此，教师应在日常的教学管理中，注意自身的言行举止，通过言传身教的方式来为学生做榜样。在德行方面，保持谦虚谨慎，与学生进行平等交流。在教学中，以自身为案例，教育学生勤俭节约、尊老爱幼，更好地对学生的思想品德加以培养。

（四）培养学生的综合能力

教师应该培养学生的综合能力，不仅是学习方面的能力，还有生活能力。例如，帮助学生养成良好的卫生习惯，提高学生的人际沟通能力和理财能力。在教学中，贯彻以学生为主体的教学理念，对于一些学习成绩较差的学生，应给予充分的尊重，可以建立"互助学习小组"，一个学习好的学生带一个学习较差的学生，一起学习，一起成长，令学生在和谐、友爱的班风中，强化自身的综合素质。

（五）对学生进行情感教育

情感教育，是教育过程中的重要内容，对学生成长具有至关重要的作用，有助于良好班风的建设。情感教育也是班级管理的生命，教师在尊重学生情感的基础上，与学生进行的交流和沟通。尤其是小学阶段的学生，他们正处于启蒙发展阶段，在这个阶段对他们进行良好的情感教育，有助于他们正确、积极地看待周边人和事，形成积极的情感心理，正确、和谐地处理与同学和教师之间的关系，从而有助于良好、有序、和谐、友爱班级秩序的形成，促进班级管理工作实效的提升。班主任要注意语文思想与班级管理及学生思想观念的结合，促进学生成长，发挥学生的主动性，建设良好的班风，提高班级管理实效。

在语文教学的过程中，教师还应对学生的心理健康进行教育，让学生树立正确的世界观、人生观和价值观，对待事物拥有乐观、积极向上的态度。这样对于个体的价值观进行培养和树立之后，对于整个班级拥有良好、正确的班级风气会有重大的帮助，对于整个班级的管理也会变得更加容易。

（六）注重教师的言传身教

小学生对于教师的动作习惯以及说话方式，都会有着有意识或者无意识的模仿。所以教师应当充分注意自身的形象以及说话的态度。在进行教育活动时，教师应当注意对学生的言传身教。在教育活动中，教师应当以身作则，并且将语文教学与班级管理进行有效融合，将语文学科中的人文、思想以及便利等特性，进行充分有效的利用。同样，班主任在班级管理活动中将规则意识教育、素质教育以及道德教育有效地吸纳，让学生进行有效的认识与理解。

（七）在学习和生活中加强思想教育

在学习中，教师需要制定出科学合理的学习计划，以及自己的教学计划与班级管理计划。在生活中，教师要教导学生形成良好的道德品质。通过构建一个以班主任为教育核心，各科任课教师为辅助，以学生为成员的全新的班级网络体系，加强师生之间的互动，使教师的教学质量以及学生的学习效率都能得到有效提高。小学阶段的语文教师应当在保证教学质量的前提下，对于自身的专业素质以及道德涵养等综合素质进行提升。不仅如此，还要对于教学方法进行积极的改革与创新，将道德教育与人文教育充分融入教学方法中，让学生的综合素质得到充分发展。

（八）积极地开展主题班会

小学阶段的学生具有较为强烈的表现欲、学习欲和好奇心。班主任可以充分利用小学生这一特点，进而用开展主题班会的形式，促进语文教学工作。目前，大多数班级都会在周一或者周五的最后一节课开设主题班会，进而达到为小学生创造展示自我、促进小学生积极学习的目的。尤其是通过主题班会的这一较为新颖的教学形式，有助于激发学生学习活力。由语文教师担任班主任，则可以通过开展古诗词朗诵、成语接龙等形式的主题班会，提高小学语文教学效率。

五、充分发挥学生的主体性地位

（一）让学生在小学语文课堂中发挥自己的潜能

在小学语文教学中，教师要把学生作为班级管理的核心。传统的班级管理目标就是让学生做到纪律、秩序、控制和服从。而在现代教育活动中，班级管理完全是培养以学生为主体的实践活动，满足学生的发展需要，既是班级管理活动的出发点，又是班级管理活动的最终归宿。班级管理的实质，就是让学生在课堂上能够把自己的潜能展现出来，感受到自己在课堂上的主体地位。

（二）确立学生在班级中的主体地位

在小学语文教学的课堂上，以学生为主体地位的班级管理活动已经越来越被广大的学校认同，发展学生的主体性是学校管理的宗旨。当今的班级管理强调以学生为核心，教师要尊重学生的想法，让学生能够在课堂上充分发挥自身的才能，能够让学生在班级自我管理中展现出自己的主人翁精神。教师可以建立一套能够让学生长久地保持主动性和积极性的管理机制，确保学生能够在机制的管理下更加持久地发展。例如，教师可以在小学语文教学的课堂上，让学生以自身为主体，进行情景模拟展示。这时学生就是课堂上的主体，而教师是课堂上的引导者。班级管理活动的确定，可以更好地让学生学习语文知识，从而提高他们的学习成绩。

（三）选拔班级干部，树立带头作用

榜样的力量是无穷的，如何合理地利用榜样的力量来进行班级的管理，达到合理的班级管理效果，这就需要教师根据学生的组织管理能力、语言表达能力、思想道德水平和学习知识能力四个方面进行综合考量，然后在所有的学生中，选出各方面相对优秀的学生作为班级干部，在学生中树立良好的学习榜样，让学生能够以此为模板进行学习，达到全班学生共同进步的最终目的。除此之外，班级干部还能够及时了解班级动态，对于学生中出现的思想问题、学习问题和生活问题等一系列问题，及时发现和沟通，如果遇到困难要及时和教师进行沟通，以便于教师及时对管理方法进行调整。在这一过程中，班级干部起到上通下达的重要作用，既能了解到学生的思想和动态，又能传达教师的思想和理解，对班级的管理工作起到了重要的作用。

（四）有目的地训练学生的班级管理能力

教师可以在班级中实行班干部轮换制，让班级中的每个学生都有机会得到有效的锻炼。教师要学会以训练学生自我管理能力为主的班级管理制度，把之前以自己为中心的班级教育活动转变为学生的自我教育，把班集体作为学生自我教育的主体。例如，可以在班上多增添几个干部职位，尽量让每一个学生都有机会尝试担任班干部，把他们自身的能力展现出来。在小学语文课堂上，好的班级管理制度能够让学生轻松地学好语文知识，从而提高学习成绩。

总的来说，班级管理活动对于小学语文课堂教学非常重要。班级管理活动机制的确立，可以让学生在课堂上意识到自己是课堂的主体，可以让他们在学习语文知识的时候更加自信，这样有利于激发他们的学习兴趣，有助于提高他们的语文学习成绩，从而提高课堂教学质量。所以每个学校都应该注重班级管理活动在课堂上的实施，这会对学生的人生发展产生很大的影响。

参考文献

[1] 安玫. 小学语文教学设计的基本原则 [J]. 赤峰学院学报（哲学社会科学版），2012（9）：54.

[2] 毕冉. 浅析小学语文教学与班级管理的有效融合 [J]. 中华少年，2017（20）：247－248.

[3] 池达连. 小学语文教学与班级管理的有效融合 [J]. 考试周刊，2018（10）：45.

[4] 胡晓燕. 聚焦小学语文核心素养的课堂实践 [J]. 语文知识，2016（20）：17－19.

[5] 黄坵墉. 论小学语文教学管理水平提高的措施 [J]. 儿童大世界，2019（5）：190.

[6] 金翎. 小学语文课堂有效教学研究 [D]. 长沙：湖南师范大学，2012.

[7] 金微微. 小学语文课堂教学有效性策略初探 [J]. 才智，2014（19）：116－117.

[8] 柯镇林. 浅议新课程理念下小学语文教学策略探究 [J]. 科教文汇，2013（23）：180.

[9] 李慧琴. 基于合作学习课堂管理的小学语文教学优化研究 [J]. 幸福生活指南，2023（40）：132－134.

[10] 李倩. 探析小学语文教学和班主任管理的有效结合 [J]. 科普童话，2023（42）：106－108.

[11] 林清华. 小学语文教学管理的优化及信息技术的运用 [J]. 教学管理与教育研究，2017（24）：89－90.

[12] 刘丽玲. 运用信息技术优化小学语文教学管理 [J]. 新教育时代电子杂志（学生版），2020（51）：138.

[13] 刘秀欣."以人为本"思想指导下的小学语文教学管理 [J]. 读写算, 2020 (22): 177.

[14] 刘召磊. 论小学语文教学与小学班级管理的巧妙结合 [J]. 中华少年, 2017 (9): 120.

[15] 马艳萍. 新课改后小学语文教学现状及存在的问题 [J]. 教育现代化, 2017 (3): 324－325.

[16] 莫莉. 提高小学语文课堂教学有效性策略 [J]. 湖南第一师范学院学报, 2013 (4): 24－28.

[17] 潘晶. 新课程背景下的小学语文教学 [J]. 中国校外教育（基本版）, 2012 (9): 82.

[18] 齐春香. 小学语文教学现状及改进策略探究 [J]. 赤子（上中旬）, 2015 (12): 217.

[19] 宋建恒. 如何提高小学语文教学管理 [J]. 新课程, 2020 (13): 214.

[20] 孙豪. 探析以人为本思想指导下的小学语文教学管理 [J]. 新教育时代电子杂志（学生版）, 2019 (44): 263.

[21] 王桂芳. 小学语文综合性学习策略的研究 [J]. 科学周刊, 2014 (2): 159.

[22] 王凯丽. 基于核心素养的小学语文教学新探 [J]. 教育现代化, 2017 (36): 234－237.

[23] 王珂. 小学语文课堂教学效率提高的对策探索 [J]. 才智, 2011 (24): 87－88.

[24] 吴彦颖. 在小学语文教学中规范班级管理 [J]. 中国校外教育, 2015 (8): 60.

[25] 徐莉. 小学语文教学与班级德育管理有效融合的研究 [J]. 家长, 2023 (21): 44－46.

[26] 姚克芝. 基于核心素养培养的小学语文课堂教学 [J]. 学苑教育, 2017 (7): 35.

[27] 尹学峰."以人为本"理念下小学语文教学管理探析 [J]. 新课程, 2021 (26): 186.